정의로운 전환

21세기 노동해방과 녹색전환을 위한
적록동맹 프로젝트

정의로운 전환

21세기 노동해방과 녹색전환을 위한 적록동맹 프로젝트

2014년 10월 24일 초판 1쇄 발행

지은이 김현우
펴낸이 임두혁
편집 조정민 김삼권 최인희
디자인 허선인
표지 그림 고영일

펴낸곳 나름북스
등록 2010. 3. 16 제2010-000009호
주소 서울 마포구 동교로18길 31 302호
전화 02-6083-8395
팩스 02-323-8395
이메일 narumbooks@gmail.com
홈페이지 www.narumbooks.com

ⓒ김현우 2014
ISBN 978-89-966310-0-2 03300

정의로운
전환

21세기 노동해방과 녹색전환을 위한
적록동맹 프로젝트

김현우 지음

나름북스

목차

3부 지금 여기에서의 모색

생태전환과 노동해방의 동맹을 꿈꾸며

몇 해 전 서울 정동 민주노총 교육장에 갔다가 우연히 발견한 그림 앞에 발걸음을 멈췄다. 아마도 '우리가 꿈꾸는 대안 사회'라는 주제로 조별 토론을 한 뒤 발표용으로 그린 마인드맵인 듯했다. 노동운동 내에서조차 '노동해방'이라는 말이 귀한 용어가 된 즈음에 반갑기도 했거니와 노동해방에 많은 구성 요소와 가지들이 얽혀 있고 그 관계가 만만치 않게 복잡하다는 것을 잘 드러내고 있어 얼른 카메라에 담았다.

내용도 풍부하고 신선하다. 노동시간을 단축하니 사람이 보이고 부자 증세와 사적 소유 범위 제한도 필요하다. 지역과 국제 수준, 경제와 문화 측면의 대안들이 한데 어울려야 한다. 그림 중에는 서로 상충하거나 모두가 동의하기 어려운 것들도 있으리라. 그럼에도 '생태 환경'이라는 한 묶음이 노동해방의 중요한 구성 요소로 들어가 있는 것이 반가웠다. 지속 가능한 세상이 되려면 자연과 우주 공존의 가치관도 필요하지만, 소비를 줄이고 대체에너지를 개발하기 위해 노동자가 생산과 개발을 통제해야 한다는 점, 여기서 안전한 노동환경과 노동자 건강권이 확보될 수 있다는 점을 포함하고 있었다.

환경을 지키기 위해서라도 노동자의 개입과 통제가 필요하며, 노동해방을 위해서도 생태적 고려가 필수라는 의미다. 물론 이는 '노동해방'의 두 가지 의미, 자본주의의 착취와 억압으로부터 노동자가 해방되는 것과 자본주의적 임노동과 불필요한 생산으로부터의 해방을 모두 함축하는 생각이기도 할 것이다.

아무리 진보적인 노동자나 전투적인 노동운동이라도 임노동 관계 속에서 높고 안정적인 지위를 차지하거나 자본주의적 대량생산에 협력한 후 분배에서 제 몫을 요구하는 것은 온전한 노동해방일 수 없다. 지난 십수 년간의 민주노조 운동에서도 점차 잊혔던 것이지만, 정규직 중심 노동조합 운동의 위기와 경제 위기, 에너지와 환경 위기 속에서 다시 환기되는 성찰의 지점일 것이다.

마르크스는 "자본은 머리에서 발끝까지 온몸의 구멍에서 피와 오물을 뚝뚝 흘린다"고 묘사했다. 엔클로저 운동과 산업혁명 이래 자본주의는 피와 오물을 흘리며 노동자와 자연

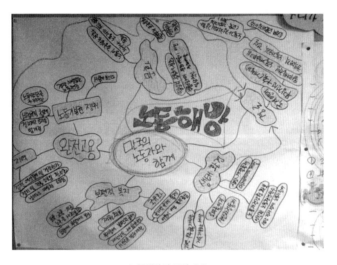

노동해방의 구성 요소

모두를 착취해 왔고 이제 그 끝을 향해 치닫고 있다. 신자유주의적 금융자본주의, 노동 유연화, 기후변화, 화석연료 고갈, 핵 방사능의 위협은 한 몸뚱이의 다른 얼굴들이다. 그렇다면 노동자와 자연의 벗들이 이제 그 공적(公敵)인 자본주의를 향해 동맹을 펼쳐야 한다는 것은 너무도 당연한 결론이다. 그러나 조각조각 나뉘어 있는 생산과 분배의 조직들, 작업장과 지역사회의 장벽은 이 동맹을 쉽게 허락하지 않는다. 이를 극복하기 위한 한 모색이 지금 진화 중인 개념이자 사회운동 프로그램이기도 한 '정의로운 전환'이다.

국내에도 정의로운 전환이 부분적으로 소개된 지 수년이 흘렀지만, 현실의 노조운동은 언제나 바쁜 당면의 투쟁과 현안들에 발목이 잡혀 생태적 기획과 실천에서는 답보하고 있다. 생태운동을 고민하거나 에너지와 산업의 생태적 전환을 주장하는 이들이 이를 구체적으로 풀어내 현장의 노동자와 활동가들에게 다가가지 못한 것도 그러한 답보에 일조한 것이 아닌가 하는 반성도 든다. 그러나 이 한계를 넘어서는 것은 이상과 당위의 확인이 아닌 의지와 실천을 통해 가능할 것이다. 유럽과 북미, 오스트레일리아에서 먼저 펼쳐졌던 노동-환경 동맹의 운동들도 이념이 작업장과 환경보호, 사회정의 수호라는 구호와 투쟁을 매개로 사람과 운동으로 구현되었기에 성과를 거둘 수 있었다.

다행히 한국에서도 용산의 철거민, 밀양의 송전탑에 맞서는 주민들, 삼성반도체의 산재 피해자들과 쌍용자동차, 한진중공업 노동자들의 연대를 통해 생태전환과 노동해방의 동맹을 꿈꿀 수 있는 실마리들이 엿보인다. 반면, 노동시간 단축과 사회 공공성 확대를 요구하면서도 '총고용 사수'와 실질임금 삭감 저지 이상의 상상력을 발휘하지 못하는 노동조합이나 잇따른 핵 발전소 사고와 분출하는 탈핵운동의 요구 앞에서 방어적 자세로 일관하는 에너지 부문 노동조합의 모습은 더 많은 만남과 공동의 모색이 필요함을 여전히 알려준다.

물론 정의로운 전환의 잠재력을 다른 사회를 건설하는 구체적 가능성, 노동해방의 새로운 프로그램으로 상승시키는 것은 현실의 운동과 실천 속에서 이루어질 수 있다. 어쨌든 단지 환경운동과 노동운동이 만나야 한다는 것이 아니라 무엇이 노동해방이고 누구와 어떻게 자본주의를 극복할 것인지 이야기하고 싶다는 생각에 '정의로운 전환'이라는 아이디어를 매개로 그동안 썼던 글들을 모으고 다듬었다. 개념과 이론 설명보다 여러 사례를 통해 '정의로운 전환'이 어떻게 발전할 수 있는지 함께 상상하는 것이 좋겠다는 생각 때문이다.

1부에서는 정의로운 전환 또는 이와 유사한 아이디어와 실천들이 어떻게 발전되어 왔는지 살펴보았다. 2부는 후쿠시마 핵 발전소 사고 이후 관심과 호응이 높아지고 있는 '탈핵'이라는 과제를 경제와 일자리 전환으로 어떻게 연결시킬 수 있을지, 그리고 여기에서 노동자는 어떤 태도와 전략을 가질 수 있을지 생각해 보는 글들이다. 3부는 지금 전개되고 있는 여러 가지 모색과 실험, 고민을 담았다. 물론 거칠고 다듬어지지 않은 생각들이지만, 그 때문에 그만큼의 의미가 있으리라 생각한다.

이 책을 묶어 낼 수 있도록 영감과 도움 주신 분들께 감사의 말씀을 전하고 싶다. 정의로운 전환의 탐구와 전파의 최전선에서 분투하고 있는, 그리고 내가 속해 있기도 한 에너지기후정책연구소의 박진희 소장님과 한재각, 이진우 부소장, 이

강준, 이정필, 이영란, 이보아, 조보영 연구원이 우선이다. 단병호 전 민주노총 위원장님, 임영일 선생님, 박장현 선생님 등 평등사회노동교육원과 한국노동운동연구소 선배들은 ≪함께하는 품≫의 지면과 강의 기회를 통해 이 책에 담긴 생각과 글을 하나씩 정리하는 계기를 주셨고 많은 격려도 함께 주셨다. 민주노조 운동에 헌신하면서 해외의 정의로운 전환 현장을 함께 살피고 생각을 나눈 장영배, 유기수, 석치순, 정문주, 이창근 님에게도 감사한다. 글을 이 책에 모아 실을 수 있도록 허락해 준 평등사회노동교육원, 레디앙, 일다, 진보평론, 미디어스 등에도 고마움을 전한다. 함께 일하며 즐거움과 슬픔을 함께하는 레드북스의 양돌규와 부암코뮨 친구들도 이 책에 기여한 바 크다. 끝으로, 보잘것없는 글들을 묶어 그럴싸한 책으로 만들어 준 나름북스 식구들의 수고에 마땅히 감사드린다.

2014년 8월

김현우

노동자, 적록동맹을 진지하게 생각하게 하는 책

정의로운 전환은 아직까지 많은 사람에게 익숙하지 않은 말이다. 특히 대부분의 노동자에게는 생소한 말로 들릴 수 있다. ≪정의로운 전환≫은 '토니 마조치'라는 한 노동자로부터 시작한 운동이 전 세계적인 운동이 되기까지의 과정을 간단하고 명쾌하게 소개하고 있다. 그리고 각국에서 있었던 활동과 우리나라의 사례들이 정의로운 전환에서 어떤 의미를 갖는지도 설명하고 있다.

노동과 환경 사이에서 발생하는 수많은 갈등과 이의 해결 방향에서 나타나는 불일치를 이론적·실천적으로 극복하려는 노력은 오래전부터 시도되어 왔다. 용산 참사, 태백 정선의 폐광, 삼성반도체 백혈병, 밀양 송전탑 문제에서의 공동 대책을 정의로운 전환을 위한 활동의 일환으로 들 수 있다. 그러나 대부분 개별적이고 일회적인 활동으로 제한되었다. 그 주된 이유는 노동운동이 이런 문제를 안정적이고 체계적으로 추진할 수 있도록 이론을 수용하고 네트워크를 만드는 것에 한계를 보이고 있기 때문이다.

국제노총은 '정의로운 전환'을 "지속 가능한 사회로의 전환을 원활히 하며, '녹색경제'가 모두에게 괜찮은 일자리와 생계를 유지하도록 할 수 있게 하는 희망"이라고 정의했다. 캐나다노총은 '정의로운 전환'이라는 구체적인 프로그램을 만들어 가동하고 있다. 이제 한국의 노동자, 노동운동도 '정의로운 전환'이라는 과제를 진지하게 고민해야 할 때나. 이런 시기에 ≪정의로운 전환≫이 발간된다니 참으로 반가운 일이다. 저자에게 고마움을 전한다.

왜 노동자는 정의로운 전환에 적극 나서야 하는가? 지속 가능한 사회를 위한 선택을 피할 수 없게 되었기 때문이다. 자본주의 발전은 엄청난 자연 자원의 사용을 통해 가능했다. 그러나 그 폐해가 심각하다. 화석연료 중심으로 짜인 경제구조는 지구온난화라는 치명적인 후유증을 낳았다. 21세기 말에는 세계 평균기온이 2~4℃ 상승하고 해수면이 30~50㎝ 정도 올라갈 것이라 한다. 그리고 2050년경이 되면 현재 지구 상에 서식하는 350만 종의 동식물 중 100만 종의 동식물이 사라질 것이라고 한다. 더구나 화석연료도 정점을 지나 2050년을 전후로 고갈될 것이라는 전망이다. 산업구조와 고용에 엄청난 변동이 예고된다. 지속 가능한 사회로 가기 위한 준비를 서둘러야 한다. 그것이 자연과 인간이 공존하고 인간의 존엄과 가치가 존중되는 사회로써의 정의로운 전환이다. 저자는 노동과 환경의 동맹을 통해 이러한 정의로운 전환이 가능함을 주장한다.

세월호 참사로 304명의 고귀한 생명이 희생되었다. 경주 마우나리조트 붕괴, 장성 요양원 화재, 울산·구미·화성에서 있었던 불산 유출 등의 참사가 일 년에도 여러 차례 발생한다. 한국은 산재 왕국이라는 불명예도 안고 있다. 산업재해로 사망하는 노동자가 한 해 2천 명에 이르고 10만 명에 가까운 산재 환자가 발생한다. 이처럼 소중한 인명에 피해를 끼치고 환경에 심각한 영향을 미치는 위험 요소는 도처에 널려 있다. 노동운동의 힘만으로 혹은 관련 단체들의 활동만으로는 이런 사고들을 미연에 방지하거나 문제가 발생했을 때 올바른 방향으로 해결하는 데 한계가 있다. 저자는 이를 위해 지역 단위, 나아가 전국 단위 네트워크를 만들어 상시적으로 활동할 필요성을 강조한다.

노동자가 안정된 일자리에서 보람 있는 일을 하고, 우

리 사회가 안전하고 지속 가능한 사회로 나가기 위해 무엇보다 노동자의 용기가 필요한 때다. 노동자들은 간혹 기업의 이익과 사회적 정의가 부딪칠 때 갈등하기도 한다. 환경 문제 등 중요한 사회적 문제를 일상에 쫓겨 무덤덤하게 넘기기도 한다. 노동자의 이기심과 무관심이 사전에 방지할 수 있던 것을 돌이킬 수 없는 큰 참화로 만들기도 한다. ≪정의로운 전환≫은 이러한 노동자의 의식을 일깨워 주고 정의로운 전환을 찾아 나서는데 길라잡이가 될 좋은 선물일 것으로 믿는다.

단병호

(평등사회노동교육원 이사장, 전 민주노총 위원장)

쌍용자동차 해고자들이 낯설어진 이유, 그리고

작년(2013년) 6월, 국회 앞에서 특별한 자동차 시연회가 열렸다. 'H-20000'. "공장으로 돌아가고 싶다"는 간절한 마음(Heart)을 담아 2만 개의 부품을 조립해 만든 자동차의 이름이다. 회계 조작 때문에 부당하게 해고되어 가혹한 국가 폭력에 맞서 처절하게 저항한, 쌍용자동차 해고자들이 녹슬지 않은 실력으로 능숙하게 만들어 낸 자동차다. 2008년 해고 이후 공장으로 돌아가지 못한 그들의 동료 중에는 스스로 삶을 저버린 이도 많았다. 평생 해왔던 일, 매일 출근해 동료들과 자동차를 조립·수리했던 자신의 세계로부터 쫓겨난 이들의 상실감은 억울한 국가 탄압과 생활고에 뒤지지 않았으리라. 쌍용자동차 해고자들은 H-20000을 조립하면서 "공장으로 돌아가 동료들과 함께 자동차를 만들고 싶다"고 다시 한번 세상을 향해 외친 것이다. 하지만 아직도 그들은 공장으로 돌아가지 못했고, 의혹이 짙은 회계 조작 사건도 제대로 규명되지 못하고 있다. 정의로운 세상을 희망하는 이들이라면 그들의 손을 잡고 연대해야 한다.

그러나 왜 하필 자동차인가. 자동차 (그것도 대기오염 물질을 다량 배출하는 경유차)를 조립하는 쌍용자동차 해고자들의 퍼포먼스를 보면서 연대를 믿는 그들이 갑자기 낯설어졌다. 전 세계 생태주의자들에게 자동차는 자연을 착취하고 사회를 파괴해 온 근대 산업 문명의 상징이다. 그들은 지속 가능하고 심지어 정의로운 세계를 위해서라도 자동차가 지배하는 사회와 결별해야 한다고 믿는다. 십여 년 전 일부 청년생태주의자들이 광화문 한복판에서 자동차를 깨부수는 퍼포먼스를 벌여 자동차에 대한 적의를 한국 사회에 공개적으로 드러냈던 일을 상기할 수도 있다. 그래서 쌍용자동차 해고자들의 퍼포먼스는 당혹스러웠다.

이런 이야기는 이 책 ≪정의로운 전환≫을 집어 든 독자들에게 뜬금없을 수도 있다. 하지만 이는 공공연한 사실일 뿐 아니라 무엇보다 이 책의 출발점이기도 하기에 숨길 일이 아니다. 다행스럽게도 한국에서 자동차산업 노동자들과 환경 운동가들이 맞붙어 갈등을 경험하지는 않았다. 하지만 이 책 곳곳에서 한국의 노동운동과 환경운동 사이에 연대의 경험만큼이나 얼굴 붉히며 서로 갈등하고 대립한 경험이 있었다는 점을 발견할 것이다. 지금껏 몰랐거나 애써 외면해 온 '불편한 진실'이라고 할까.

이 책 ≪정의로운 전환≫은 그 '불편한 진실'을 직시하는 책이다. 그렇지만 세상의 모든 갈등을 들춰내 남김없이 까발리려는 책은 아니다. 오히려 노동운동과 환경운동이 공히 동의하는 '정의롭고 지속 가능한 사회로의 변혁/전환'의 목표에 도달하기 위해 피해갈 수 없는 주제이기에 용기 내어 이 문제를 바라보는 것이다. 이 책의 미덕은 불편한 진실을 피하지 않고 맞서는 용기에만 있는 것이 아니다. 그것을 해결해 나갈 대안을 성실히 모색하고 있다는 점이 이 책을 더욱 가치 있게 만든다.

이 책의 제목인 '정의로운 전환(Just Transition)'이 그 대안을 찾는 방향타 역할을 한다. 노동자의 안전과 지역공동체의 건강, 우리 모두의 삶의 기반인 지구 생태계를 위협하는 현재의 자본주의/산업 체제를 넘어섬과 동시에 이 착취와 오염의 세계에서 구조적으로 사회적 약자일 수밖에 없는 노동자와 민중의 삶을 지켜야 한다는 의지와 전략이 '정의로운 전환'이다. 이 책은 이 전략을 풍부히 하기 위해 '적록연대' 혹은 '노동운동과 환경운동의 연대'의 역사와 경험들을 꼼꼼히 들여다보고 있다. '사회적으로 유용한 생산'이라는 혁신적인 개념을 개발하고 시도했던 '루카스 플랜'의 사례나 독일 녹색당에 영감을 준 오스트레일리아 노동자들의 '그린 밴(Green Ban)' 투쟁, 다시 주목해야 할 선진 노동자 김말룡 이야기, 태백과 정선의 탄광 노동자들의 필사적인 도전과 실패, 송전탑으로 맺어진 밀양 할매와 쌍용자동차 해고자들의 연대 경험. 독자들은 흥미롭고도 안타까운 이야기를 읽으며 어느덧 정의로운 전환의 필요성과 가능성 그리고 장애물이 무엇인지 깨닫게 될 것이다.

흥미로운 제안 혹은 토론 쟁점도 구체적으로 제시한다. 무엇보다 주목할 것이 '녹색 일자리'다. 이 논의는 노동(운동)과 환경(운동)이 서로 대립적이지만은 않으며, 환경을 보호하기 위한 노력 속에서 새로운 일자리를 만들어 낼 수 있다는 '사고의 전환'에 기반을 두고 있다. 구체적으로는 녹색 일자리가 무엇이며, 해외에서 녹색 일자리를 창출하기 위한 시도, 특히 노동조합의 시도가 무엇이고 그 현황이 어떤지를 개괄한다. 이 책을 읽는 독자로부터 가장 현실적이고 생산적인 고민을 이끌어 낼 부분이 아닐까 싶다. 한편, 이 책의 필자가 '도시 연구'에 지속적인 관심이 있기 때문에 이야기할 수 있는 '녹색교통과 노동조합'에 관한 토론도 흥미롭다. 또한, 지역의 환경오염과 노동자들의 산업 안전이 별개가 아니라는 점을 재강조하며 노동조합의 지역사회 개입 전략에 대해 제안한 것도 관심의 대상이다. 톡톡 튀는 아이디어도 있다. 핵을 버리고 재생에너지로 전환하는 과정과 노동자들의 '심야 노동' 철폐 투쟁은 어떤 연관이 있을까? 이 부분은 이 책의 매력을 가장 잘 드러내 준다. 애초 한 권의 책을 염두에 두고 쓰인 것이 아니라 여러 매체에 기고된 글들을 묶었기 때문에 조금 산만할 수 있지만, 오히려 생각지 못했던 곳에서 발견되는 아이디어들과 토론들이 글 읽는 즐거움을 줄 수 있다.

필자에 대해서도 한마디 하려 한다. 김현우는 여러 경계를 넘나드는 활동가이자 연구자 그리고 번역가이고, 책방 주인이자 도시농부이고 요리사다. 함께 일하는 연구소 옥상 텃밭에서 고추를 따고 당근을 캐는 사이에, 책방에서 중고 서적을 정리하고 손님에게 내줄 커피를 내리는 사이에, 동료들의 배를 채우고 입을 즐겁게 할 음식을 조리하는 사이에, 그는 노동운동과 환경운동 사이를 부지런히 오갔다. 한국노동사회연구소에서 일했고, 민주노동당으로부터 시작한 진보정당 운동의 상근 활동가이기도 했으며, 현재 에너지기후정책연구소의 상임연구원이기도 한 그의 경력은 이런 경계 넘기를 수월하게 해줄 수 있었다. 그렇기 때문에 그가 '직록연대'와 같은 화두를 부여잡고 이 책을 펴내는 것은 자연스러운 일이며, 또한 그 누구보다 잘할 수 있으리라 생각한다. 그리고 어쩌면 그에게 주어진 의무로 받아들일지 모르는 이 작업을 성공적으로 해냈다. 누구라도 이 책을 읽는다면 내 말에 동의하리라 믿는다. 적색과 녹색, 어느 하나만으로 충분하지 않다고 느끼는 모든 이들에게 이 책은 고마운 선물이다.

이즈음에서 한가지 야사(野史)를 밝힌다. 어떤 책이든 그 속에 담긴 지적 노력이 온전히 한 개인의 것만이 아니라는 것은 분명하다. 그런 점에서 필자도 미처 몰랐던 이야기를 하나 하자(가끔 술자리 수다가 필요한 이유다). '정의로운 전환'이라는 개념을 국내에 처음 소개한 우리말 보고서는 2008년 1월에 나왔다. 한국발전산업노동조합이 재정 지원을 하고 환경

운동연합, 녹색연합, 환경정의 활동가들과 민주노동당 정책연구원이 참여해 작성한 보고서, 〈기후변화와 노동계의 대응 과제: 정의로운 전환(Just Transition)을 위하여〉가 그것이었다. 이 보고서 자체도 '적록연대'의 한 산물인 셈이다. 이 보고서의 3장, '기후변화와 정의로운 전환: 해외 노조 사례'에서 이를 집중적으로 다루었는데, 당시 민주노동당의 정책연구원이었던 장주영 씨가 집필했다. 시간이 흘러 최초의 보고서에 대한 기억은 희미해지고, 그 기여에 대한 인용도 사라져 갔다. 그러나 이제는 한 아이의 엄마가 된 그녀의 수고가 7년에 걸쳐 이렇게 작은 꽃을 피웠다는 사실은 없어지지 않는다.

기억해야 할 사람이 한 명 더 있다. '진보정당의 녹색파'로 살아야 한다며, 한국의 진보정당이 참고하고 주목해야 할 해외 사례를 꾸준히 소개한 김상현 박사(현 한양대 교수)다. 그가 내게 보냈던 여러 '메일 폭탄' 중 하나가 '정의로운 전환'에 관한 캐나다노총(CLC)의 자료였고, 장주영 씨가 진행한 보고서 작업의 출발점이 되었다. 그의 소개가 아니었더라면 이 책이 나오기까지 시간이 좀 더 필요했을지도 모른다. 그 역

시도 이 책을 위한 작은 씨앗을 뿌린 사람 중 하나다. 그 외에 김현우가 빚진 이들에 대한 기억과 감사는 그의 몫이다.

마지막으로 이 책이 "적색과 녹색, 녹색과 적색의 씨앗들에게 보내는 일종의 말 걸기"에 기여할 수 있기를 빈다. 그리고 무엇보다도, 쌍용자동차 해고자와 생태주의자들이 이 책을 읽으며 좀 더 견고한 연대의 기반을 찾아낼 수 있으면 좋겠다.

한재각

(에너지기후정책연구소 부소장, 녹색당 공동정책위원장)

| 원글의 수록 지면 |

〈정의로운 전환의 짧은 역사〉: 평등사회노동교육원, ≪함께하는 품≫ 12호, 2014.5.

〈'루카스 플랜'은 무엇이었나?〉: 평등사회노동교육원, ≪함께하는 품≫ 10호, 2014.1.

〈그린카와 노동조합〉: 평등사회노동교육원, ≪함께하는 품≫ 9호, 2013.11.

〈시드니, 용산, 그리고 밀양〉: 평등사회노동교육원, ≪함께하는 품≫ 8호, 2013.9.

〈태백과 정선, 꽃피우지 못한 정의로운 전환〉: 평등사회노동교육원,
≪함께하는 품≫ 11호 , 2014.3.

〈선진 노동자 김말룡〉: 레디앙 칼럼(2010.2.2)에서 보완

〈핵 발전의 두 가지 대안, 에너지 전환과 새로운 적록연대〉: ≪진보평론≫ 48호, 2011년 여름.

〈실크우드 사건〉: 레디앙 칼럼(2012.3.13)에서 보완

〈노동자와 송전탑〉: 레디앙, 2013.11.12.

〈에너지 노동조합 이해관계의 해법은?〉: 평등사회노동교육원, ≪함께하는 품≫ 6호, 2014. 5.

〈에너지 전환의 관점에서 본 심야 노동〉: "심야 노동 이제는 없애자" 토론회 (2011.7.14)
발표문에서 보완

〈핵 발전소 10기 없는 여름, 전력 예비율 관전법〉: 미디어스, 2013.6.15.

〈생태사회주의와 노동해방〉: 성공회대학교 노동대학 강의문(2009.6)에서 보완

〈노동자의 안전과 건강, 지역사회와 함께 지키자〉: 평등사회노동교육원,
≪함께하는 품≫ 5호, 2013.3.

〈녹색교통, 한국 철도에 주목해야〉: 일다, 2009.10.29.

〈노동과 환경의 대화 감상기〉: 평등사회노동교육원, ≪함께하는 품≫ 7호, 2013.7.

1부

정의로운 전환의
선구자들

정의로운 전환의 짧은 역사

　'정의로운 전환(Just Transition)'은 어떤 지역이나 업종에서 급속한 산업구조 전환이 일어나게 될 때 그 과정과 결과가 모두 정의로워야 한다는 개념이다. 지금은 국제노총(ITUC)을 비롯해 세계 여러 노동조합이 채택한 정책이기도 하다. 최근에는 주로 기후변화와 화석에너지 위기에 따른 산업의 녹색 전환 필요성과 관련하여 구체적인 논의와 사업으로 전개되고 있다. 이 정의로운 전환의 아이디어는 어디에서 비롯되었고 어떻게 확산하고 발전하게 되었을까? 과연 그 과정은 순탄했을까? 이 이야기에서 빠트릴 수 없는 인물이 미국의 노동−환경 동맹의 선구자로 "작업장의 레이첼 카슨"이라 불렸던 토니 마조치(Tony Mazzocchi)다. 2002년에 서거했지만, 그의 유산은 이제 도처에서 싹을 틔우고 있다.

　마조치는 1926년 미국 뉴욕에서 태어나 가난한 집안에서 자랐다. 아버지는 봉제 노동자이며 조합원이었고, 마조치의 두 누이와 삼촌은 공산주의자였다. 어머니는 그가 6세 때암으로 돌아가셨는데, 이때 든 막대한 병원비 때문에 가족은집을 잃게 되었다. 아마도 이것이 그가 건강권 문제를 숙고하게 된 최초의 계기였을 것이다. 그는 1949년 뉴욕 시장에출마한 민주적 사회주의자 후보 비토 마르칸토니오의 선거운동을 돕는 등 미국의 양당 체제를 극복하는 진보 정치 세력의 지향도 젊은 날부터 키워 나갔다.

16세에 고등학교를 그만둔 마조치는 나이를 속여 미 육군에 입대하여 2차 대전 중 유럽 전선에서 대공기관총 사수로 근무했다. 트럭 위에서 많은 책을 읽으며 독학했고, 1946년 제대 후 뉴저지의 포드자동차에 취직했다. 이후 몇 년간브루클린에서 건설 노동자와 철강 노동자로 일하며 틈틈이직업 기술 학교를 마친 다음 1950년에는 뉴욕의 헬레나 루빈스타인 화장품 공장 일자리를 얻었는데, 군대 경험과 이최초의 직장 경험들은 마조치의 활동에, 특히 정의로운 전환이라는 구상에 중요한 기반이 되었다.

작업장의 레이첼 카슨

마조치는 1953년 26세의 나이로 석유석탄화학노동조합

(UGCCWU) 149지부장으로 선출되면서 노동조합 활동가로서의 능력을 본격적으로 발휘하기 시작했는데, 그는 조직을 확대할 뿐 아니라 여성 동일 임금과 동일 건강보험 적용을 단체교섭으로 다루며 노동조합 정책의 질적 수준도 높였다. 공적 건강보험이 매우 취약한 미국에서 이것의 의미는 작지 않았을 것이다. UGCCWU에서 영향력을 높여 간 마조치는 1955년에 산별 간 조직 통합으로 석유화학원자력노동조합(OCAW)이 탄생하는 데 일익을 담당했다.

1960년대 들어 마조치는 노동운동과 환경운동의 동맹 형성을 본격적으로 이끌기 시작한다. 레이첼 카슨의 ≪침묵의 봄≫을 읽은 그는 독성 화학 물질이 토양에 해를 입힌다면 제조업 작업장에서 유독물질에 노출되는 노동자들도 분명 의학적 위험에 처한다고 보고 환경운동이 노동자의 건강과 안전을 위해 노동운동과 만나야 한다는 생각을 굳히게 되었다. 헬레나 루빈스타인의 공정과 생산 원료, 생산 제품 모두가 노동자와 소비자에게 유해한 것이라면 이는 지속될 수 없는 것이었다.

1965년에 OCAW 시민입법부장으로 임명된 그는 자신의 지위를 활용해 노조의 교섭에 건강과 안전 문제가 중요하게 포함되도록 했고, 이를 보장하도록 주와 연방 정부 법률 제정 운동도 벌이게 된다. 1970년에는 마침내 연방의회에서 직무안전보건법(OSHA)이 제정되었는데, 이를 승인한 닉슨

보이코트 셸(Boycott Shell) – 미국의 첫 환경주의 파업
ⓒmazzocchi.typepad.com

대통령은 이 법률의 통과에 마조치의 지도력과 풀뿌리 조직화 노력이 결정적 기여를 했다고 특별히 언급하기도 했다.

작업장 환경에 대한 마조치의 활동은 더욱 깊고 넓어져서 1960년대 중반부터 암을 유발하는 석면 사용 제재 캠페인을 전개했고, 이 과정에서 과학자들과 보건 단체들, 노동조합과 지역사회를 한데 연결했다. 1973년에 석유회사 셸의 여덟 군데 정제 공장에서 4천 명의 OCAW 조합원이 파업에 들어갔을 때 마조치는 작업장의 석면 사용에 따른 건강 위협을 이 파업의 주된 이슈 중 하나로 만들었다. 주요 환경 단체들은 이 파업을 지지하면서 셸 생산품의 전국적 불매운동을 지원했다. 환경운동과의 강력한 연대 덕분에 마조치는 1970년 4월 22일 뉴욕시의 첫 지구의 날 행사 의장으로 지명되었다. 그는 지구온난화에 관심을 기울인 최초의 노동 지도자이기도 할 텐데, 이미 1988년에 지구온난화에 대한 최초의 미국 노동조합 회의를 조직했고 노동자들을 위한 교육 책자를 제작하여 배포했다.

마조치가 오클라호마의 핵연료 공장의 내부 고발자 카렌 실크우드를 도왔던 활동(메릴 스트립 주연의 영화 〈실크우드(Silk-wood, 1983)〉로 제작되었다), 그가 일찍이 관여한 핵무기 실험 반대 평화운동과 그가 주도한 미국 노동당 창당에 대한 이야기는 별도의 지면이 필요하겠다. 어쨌든 마조치는 "사장들은 두 개의 당을 가지고 있는데, 우리도 우리의 당 하나는 필요하다"는 신념으로 미국 노동운동의 고질적인 민주당 비판적 지지 구조를 깨려고 분투했다.

마조치의 서거 이후 레스 레오폴드가 쓴 마조치 평전의 제목은 ≪노동(Work)을 미워하고 노동자(Labor)를 사랑했던 사람≫이다. 레오폴드는 마조치가 노동운동 지도자의 전형적인 인물이 아니라 창의적이고 실천적이며 현장에 다가가는 감수성을 지닌 사람이었다고 평한다. 책의 제목이 말해주듯, 마조치는 좋은 삶이란 전통적인 노동을 넘어서는 '느림'을 필요로 한다고 확신했다. 이는 좌파의 '일자리, 일자리, 일자리' 집착에 대한 강력한 비판을 의미한다. 어쨌든 그의 생애와 기여는 2005년 설립된 '토니 마조치 보건 안전과 환경 교육센터(TMC)'로 이어져 노동자들의 보건과 환경 감수성을 일깨우고 현장에서의 대응 능력을 키우는 교육의 산실이 되고 있다.

제대군인원호법과 정의로운 전환

대체로 '정의로운 전환'은 유해하거나 지속 가능하지 않은 산업과 공정을 친환경적인 것으로 전환하도록 하면서, 이 과정에서 노동자들의 경제적 사회적 희생이나 지역사회의 피해가 발생하지 않도록 교육 훈련과 재정적 지원을 보장한다는 원칙, 그리고 이를 뒷받침할 일련의 정책 프로그램을 말한다. 다소 비현실적인 이상론으로 들릴지 모르지만, 마조치는 자신도 경험한 2차 대전 직후 미국의 1944년 제대군인 원호법(GI Bill)에서 현실의 선례를 발견했다. 1,540만 명에 이르는 재향군인이 고향으로 돌아온 후, 일자리도 충분치 않고 직업 능력도 부족한 상황에서 연방 정부가 막대한 재정을 투입하여 적절한 교육 훈련을 받게 하면서 4년간의 생계비를 지급했던 것이다. 이를 통해 220만 명의 재향군인이 대학이나 대학원에 진학했고 350만 명이 직업학교 등 교육 프로그램에 참여했다. 이는 가족과 지역사회의 충격을 완화하면서 효과적으로 미국의 경제적 안정을 가져다준 것으로 드러났다. 1950년대에 유럽의 석탄철강협회가 기금을 설립하여 과잉생산으로 실직한 수만 명의 철강 및 탄광 노동자들에게 경제적 보상과 재숙련을 제공한 사례도 참고가 되었다.

미국의 몇몇 노동조합 활동가들은 마조치가 그 의미를 스스로 충분히 간파하지 못하고 행했던 아이디어와 활동에 대해 '정의로운 전환'이라는 이름을 붙이고자 했다. 1995년 유독물질 제조 공장의 퇴출을 진지하게 논의하는 한 회합에서 레오폴드는 정의로운 전환을 물질적으로 뒷받침할 새로운 '노동자를 위한 슈퍼 펀드'를 제안해 큰 공감을 얻었다. 레오폴드는 기업이 노동자들에게 환경보호가 일자리 상실을 가져올 것이므로 다른 대안이 없다고 겁박할 때 이를 방

노동을 미워하고 노동자를 사랑했던 토니 마조치
©1981 Robert Gumpert

치하는 노동조합의 방어적이고 소극적인 태도를 안타까워하면서 이러한 '전부 아니면 전무'라는 식의 접근에서 탈피해야 한다고 주장했다.

이러한 인식을 같이하는 노동조합 활동가들과 시에라클럽 같은 환경 단체, '걱정하는 과학자들의 모임(Union of Concerned Scientists)' 등은 머리를 맞대고 기업의 여론 지배를 극복하고 사회적 해결을 모색하는 대안을 강구하기 시작했다. 이들은 비록 노동운동 내에서 환경주의자들은 침묵하는 다수에 머물러 있지만, 노동자 전체는 일반대중보다 환경친화적이라는 믿음을 가졌다. 2002년 미시간 시에라클럽에서 행한 여론조사를 보면, 미국 자동차노조 가구의 88%가 자동차 연비 기준 강화를 지지하는 것으로 드러났는데, 이는 일반가구의 74%보다 높은 것이다. 또 다른 조사는 노조 가구의 69%가 알래스카 야생보호구역에서 원유를 시추하는 것보다 대안 에너지 개발을 통해 더 많은 일자리가 만들어질 수 있다고 생각한다는 것을 보여 주었다.

OCAW는 1997년에 정의로운 전환을 자신의 정책으로 채택했고, 2001년에는 미국의 가장 큰 노동조합인 서비스연맹이 정의로운 전환 요구를 포함하는 공식 에너지 정책을 발표했다. 캐나다에서는 보다 실천적인 정책이 발전했는데, 이를 주도한 것은 통신에너지제지노동조합(CEP)에서 활동한 브라이언 콜러(Brian Kohler)다. 캐나다에서는 이미 1989년에 캐나다노총(CLC) 직업보건안전위원회의 하부 단위로 환경위원회가 설치되었고, '노동자 환경권'이라는 이름으로 10개 환경 프로그램이 만들어졌다. 이것을 가능케 한 조합원 수준의 동기는 두 가지였는데, 하나는 작업장과 지역사회, 환경에 모두 영향을 미치는 '오염' 이슈였다. 이미 오염물이 만들어진 다음에 이에 대처하는 것보다는 유독 화학 물질의 '투입' 자체를 막아야 한다는 인식이 발전했다. 또 하나는 노조 내 환경주의 활동가들의 움직임이었는데, 이는 1960~70년대 사회운동의 영향도 있었거니와 환경 보전이 일자리의 지속성과 연결되는 임업노조 같은 경우도 있었다.

노동–환경 동맹의 실마리들

1993년에 와서 환경위원회는 CLC 내의 상설위원회가 되었고, 환경 단체들도 회의에 참관자로 들어오기 시작했다. 캐나다 에너지화학노동조합(ECWU)이 정의로운 전환을 채택하고, ECWU가 CEP로 통합되면서 곧 CLC의 정책으로 받아들여졌다. 교토 기후변화 협상 과정에서 캐나다의 에너지 노동조합과 CLC는 정부의 교토의정서 조인과 CO_2 감축 목표 이행을 촉구했다. 미국에서 그랬듯이 캐나다에서도 일자리 상실을 빌미로 한 공격이 있었지만, 캐나다의 노동조합들은 위협받는 일자리에 대한 정의로운 전환을 기후 협상 지지의 전제 조건으로 만들었다. 이러한 움직임은 ITUC가 2009년 코펜하겐 UN기후변화총회(COP15)에서 합의 문서 초안에 '정의로운 전환'을 포함시키도록 하는 데까지 나아갔다.

그러나 이러한 노동-환경 동맹이 언제나 순탄한 것은 아니었다. 브리티시 컬럼비아에서 전개된 고목림 벌목 규제 완화를 둘러싼 '나무 전쟁'에서 특히 그린피스와 캐나다 임업 노조 사이에 심각한 반목이 있었고,[1] 다급한 노동 사안이 생기면 노동조합에서 환경문제는 곧잘 부차적인 것으로 치부되었다. 시간이 흐르면서 환경보호를 '사회적 노동조합주의(Social Unionism)'의 일부로 인식하게 되었고 큰 환경 단체와 노조의 교류가 늘어났지만, 노동조합을 환경오염을 발생시키는 기업과 동류로 보는 회의적인 시각도 존재했다. 살충제 반대 운동, 암 예방 연대, 독성물질 감시 그룹 등의 활동이 이러한 의구심과 적대감을 극복하는 데 많은 도움이 되었다. 이제 노동 관련 환경 이슈는 녹색 일자리 창출과 산업 환경의 변화 과정에서 노동자를 위한 정의로운 전환을 중심으로 전개되고 있다.

미국과 캐나다에서도 정의로운 전환이 아직 슬로건이나 이론적 프로그램 수준으로 머물러 있다는 평가가 있다. 그러나 노동-환경 사이의 갈등 또는 전망의 불일치를 이론적이고 실천적으로 극복하는 운동의 역사는 마조치의 본격적 활동부터 보면 50년, 레스 레오폴드의 1995년 회합 발표부터 보면 20년 정도가 흘렀다. 그동안 위기와 곤란을 기회로 만든 선진 노동자들의 성과와 해답이 있고, 우리에게는 그들이 남겨준 자산들이 있다. 정의로운 전환은 그 입구이자 출구의 키워드가 될 것이다.

---

1) 북미 태평양 북서부 고목림 수호 투쟁의 전체 경과와 내부 논쟁에 대해서는 ≪생태계의 파괴자 자본주의≫(존 벨라미 포스터 지음, 추선영 옮김, 책갈피, 2007)의 10장, "계급을 배제한 환경주의의 한계"를 참고할 수 있다.

캐나다노총(CLC)의 '정의로운 전환' 프로그램의 주요 내용

공정함(Fairness)
정의로운 전환이란 어떠한 이유에서든지 고용주가 공장(산업) 문을
닫을 때 노동자와 그 산업에 의존하고 있던 공동체를 정당(공정)하게
처우하는 것을 말한다. 이것은 도덕적으로, 정치적으로 필수적인 것이다.

재고용 또는 대체 고용(Re-employment or alternative employment)
정의로운 전환의 주요 목표는 임금, 혜택, 노동기간의 손실 없이 고용이
지속되는 것을 의미한다. 일자리는 최소한 보전할 가치가 있는 일이어야 한다.

보상(Compensation)
고용의 지속성이 불가능한 상황에서 정당한 보상은 다음 대체 수단이다.

지속 가능한 생산(Sustainable Production)
정의로운 전환의 핵심은 더 지속 가능한 생산수단과 그것을 지지할 수 있는
서비스 부문으로의 이동(전환)이 전제되어야 한다는 것이다.

프로그램(Programs)
정의로운 전환은 사안에 따라 다양한 방법으로 표현될 수 있다.
그러나 반드시 발생하는 환경 변화에 대처하기 적합한 프로그램이 포함되어야
한다.
1. 일자리를 잃은 노동자들을 위한 대안적인 고용 제공
2. 실업보험과 공공임대 주택 등을 통한 수입의 보전
3. 공공 부문/서비스 부문의 일자리 창출과 새로운 산업 육성을 통한 공동체 지원
4. 일자리를 잃은 노동자를 우선적으로 고용
5. 일자리를 잃은 노동자에게 교육 및 재훈련 기회 제공
6. 지속 가능한 생산방식을 위한 연구 개발
7. 지속 가능한 산업과 서비스를 위한 공공투자 자금 조성

출처: 안준관 외, 〈기후변화와 노동계의 대응 과제 – 정의로운 전환을 위하여〉,
발전노조, 2008, pp .41~53

루카스 플랜은 무엇이었나?

2009년 7월 영국 남부의 와이트 섬에 소재한 베스타스 공장을 일군의 사람들이 점거했다. 베스타스는 덴마크의 풍력 터빈 전문 제조 회사인데, 영국의 풍력 발전량 증가를 예상해 공장을 지었다가 수요가 예상에 미치지 못하자 600여 명의 노동자가 일하고 있는 공장을 폐쇄하고 해외로 이전하려 했다.

이를 저지하기 위해 노동자들이 행동에 나선 것이었다. 점거가 시작되자 많은 노동조합원뿐 아니라 환경 운동가와 좌파 활동가들도 연대에 나섰는데, 기후변화를 막는 데 도움이 되는 재생에너지의 확대와 노동권 보호라는 명분이 맞아떨어졌기 때문이었다. 베스타스 노동자들은 그 와중에도 정리해고에 맞서 싸우고 있는 한국의 쌍용자동차 노동자들에게 연대 메시지를 보내 눈길을 끌기도 했다.

2009년 베스타스 공장 점거와 연대
ⓒChris Ison/PA

영국 좌파 잡지 ≪레드 페퍼≫ 편집인이자 정치사회학자인 힐
러리 웨인라이트는 한 칼럼을 통해 이 점거 사례에서 1970
년대 루카스항공(Lucas Aerospace)의 경험을 떠올리며 노동자
의 연대와 실험이 더 넓고 깊어질 수는 없을지 물었다.[2] 지금
도 전설처럼 회자되는 '루카스 플랜'은 무엇이었나?

건축가인가 꿀벌인가

1960년대 후반에 설립된 루카스항공은 루카스 계열사 중
주로 군수용 항공 부품을 제조하는 회사로, 노동자가 많을
때는 1만8천 명에 달했다. 노동자들의 직종은 다양했는데,
특히 수학, 기체역학, 제어 기술 등 전문 기술을 가진 이들이
많았고, 대량생산보다는 소규모 정밀 엔지니어링 비중이 높
았다. 생산품이 주로 NATO의 군비 증강 요구에 따른 것이
니만큼 정부자금에 대한 의존도 높았다.

이러한 루카스항공에서 경영합리화라는 이름으로 구조
조정이 예고되자 노동자들은 대응을 시작했다. 그런데 루카
스항공 노동자들이 단지 파업만을 준비하지 않았던 데에는
몇 가지 배경이 있었다.

2) Hilary Wainwright & Andy Bowman, 〈A Real Green Deal〉, ≪Red Pepper≫,
   October/November 2009.

우선 1971년 스코틀랜드의 어퍼클라이드조선소(Upper Clyde Shipbuilders) 투쟁의 간접 경험이 있었다. 조선소가 경영 악화로 법정 관리에 들어가고 에드워드 히스 보수당 정부가 자금 지원을 거부하자, 어퍼클라이드 노동자들은 파업에 들어가는 대신 공장을 점거하여 자주 관리하는 워크-인(Work-In) 투쟁을 전개했다. 결과적으로 회사의 분리 매각을 막지는 못했지만, 정부의 자유방임과 자유시장 정책에 일정하게 제동을 걸었고, 다른 노동조합 활동가들에게 더 면밀한 대응이 필요하다는 문제의식을 갖게 했다.

또 하나는 노동당 정부에서 산업부 장관을 맡은 유명한 좌파 정치인 토니 벤과의 사전 교감이다. 현장 노동자 대표들이 작업장의 경계를 넘어 연합한 기구인 직장위원 연합위원회(Shop Stewards Combine Committee, SSCC)는 1974년 11월 토니 벤과 만남을 갖고, 노동조합이 일종의 자체적 대안 생산계획을 수립하고 이를 정부가 지원할 수 있는 방법에 대해 의견을 교환했다. 당시 노동당 좌파는 '대안 경제 전략(Alternative Economic Strategy, AES)'이라 불리는 사회화 전략을 진지하게 추진하고 있었고, 연합위원회의 구상은 개별 기업에 대한 공적 통제의 확대라는 취지로 시도하던 정부, 기업, 노조 사이의 의무적 계획 합의(Planning Agreements)와 연결될 수 있었다.

끝으로, 마이크 쿨리(Mike Cooley) 같은 선진 활동가들의

루카스 플랜을 주도한 마이크 쿨리
©Right Livelihood Award Foundation

존재와 활동이 있었다. 루카스항공의 컴퓨터 설계 기술자였던 쿨리는 노동의 결과물이 노동자와 사회에 도움이 되기는커녕 더욱 해로운 생산물만을 만들어 내고 노동과정에서 노동자들이 소외되는 산업사회 구조에 비판적 시각을 가진 사회주의자이기도 했다. 그는 ≪건축가인가 꿀벌인가?≫라는 저서를 통해 콩코드 항공기의 엔진을 개발할 정도로 높은 기술을 가진 사회가 간단한 난방 체계를 충분히 공급하지 못하여 런던에서만 한 해 겨울에 980명이 얼어 죽게 만들고, 생산자로서의 개인이 소비자로서의 개인을 착취할 목적의 일회용 상품을 생산하는 괴상하고 어리석은 노동에 묶여 있다고 개탄했다.

'꿀벌'이라는 비유는 다름 아닌 마르크스에게서 빌려온 것이다. 쿨리는 거미나 꿀벌은 거미줄과 벌집을 단순히 반복 재현해서 만들지만, 가장 수준 낮은 건축가라도 자신의 상상 속에 먼저 집의 구조를 만든다는 점에서 가장 훌륭한 꿀벌보다 뛰어나다는 ≪자본≫ 1권의 구절을 자신의 책 첫 장에 옮겨 놓았다.[3]

어쨌든, 루카스항공 사측의 경영 합리화와 해외 확장 및 군수산업 관련 정부 지출의 삭감 가능성 등 위기의 징후들을 느끼며, 연합위원회는 4천 명가량의 인원 축소에 맞서 싸

---

3) 마이크 쿨리의 ≪건축가인가 꿀벌인가?≫ 중 루카스의 협동 계획을 다룬 7장은 ≪우리에게 기술이란 무엇인가?≫(송성수 편, 녹두, 1995)에 실린 바 있다.

웠던 1971년 직후보다 더 철저한 준비가 필요하다고 생각했다.

쿨리를 위시한 활동가들은 "벼랑에 내몰린 후"에 방어하는 방식은 믿을 만하지 못하며, 또한 군수 부문 생산처럼 사회적으로 바람직하지 못한 사업들을 노동조합 활동가들이 옹호해야 하는 모순적 상황을 피해야 한다는 데 공감했다. 군수 항공 생산에서 민간 항공 생산으로 전환하는 것이 한 가지 방법이겠지만, 민간 항공 역시 전망이 밝지 않기는 마찬가지였다. 연합위원회는 여기서 한발 더 나아갔으니, '사회적으로 유용한 생산(Socially Useful Production)'이라는 개념이 그것이었다.

사회적으로 유용한 생산

나중에 '루카스 플랜'이라 불리는 협동 계획(Corporate Planning)은 회사가 경영합리화 계획을 내기 1년 전부터 시작되었다. 활동가들의 핵심 질문은 "사회 전체에 이익이 되는 상품 중에서 우리의 설비와 능력으로 제작할 수 있는 것은 무엇인가?"였다. 현재의 생산과 관련된 정보와 대안적 생산물 제안을 요청하는 설문지가 각 작업장의 노동자 대표들에게 보내졌고, 외부 전문가들에게도 사회적으로 유용한 생산물에 대한 아이디어를 제공해 달라는 편지가 180여 통이나 전달되었다. 작업장에 보내는 설문지는 노동자들이 생산자이자 소비자라는 이중적인 역할을 이해하고, 상품의 교환가치뿐만 아니라 사용가치 그리고 지역사회와의 관계들도 고민하도록 신중하게 설계되었다. '사회적으로 유용한'이라는 말에 대해 노동조합은 이렇게 정의했다.

지역사회의 모든 사람에게 열려 있고 유용해야 하며 일부 상류층의 필요를 충족시키는 것으로 한정되어서는 안 된다. 기업 내에 존재하는 기술의 이점을 최대한 살려야 하며 그것을 전 종업원과 지역사회에 이득이 되도록 개발해야 한다. 종업원 혹은 일반 지역 주민의 건강과 안전을 해치지 않는 방법으로 만들고 사용될 수 있어야 한다. 천연자원에 대한 수요를 최소화해야 하고 환경의 질을 개선해야 한다.[4]

3~4주가 지나자 갖가지 아이디어들이 쏟아져 들어오기 시작했다. 연합위원회는 이러한 제안들을 수집하여 여섯 개의 주요 생산 범주로 나뉜 전부 1천여 쪽에 달하는 책자로 정리했다. 여기에는 특정한 기술적 세부 사항과 경제적 계산, 심지어 공학 도면들까지 포함되었다. 실용 가능한 구체적인 혁신 제품의 아이디어가 150개에 달했고, 그중 일부는 시제품으로 제작되기도 했다.

이들 제품의 목록은 지금 보아도 참으로 획기적인데, 예를 들어 내연기관 엔진과 전기모터의 특징을 결합한 하이브리드 동력 체계나 효율 좋은 풍력 터빈과 히트 펌프, 태양 에너지와 연료전지처럼 30여 년이 지난 지금 실용화된 기술들이 일찍이 탐구되었다. 도로와 궤도를 모두 이용할 수 있는 공용 차량은 일관된 운송 체계가 없는 영국의 시골 지역이나 발전도상국에 적합할 것으로 기대되었다. 또한, 새로운 상품뿐 아니라 기존 상품 중에서도 더 저렴하고 손쉽게 생산하고 이용할 수 있는, 적정기술의 범주에 들어가는 상품들도 제안되었다. 가정용 신장 투석기 같은 의료 기기들이 대표적이었다.

원거리에서 사람의 손 역할을 하는 텔레치릭(Telechiric) 장치는 모든 공정을 자동화된 기계로 대체하려는 주류적 사고에 저항하면서도 노동자들의 편의와 안전을 고려한, 숙련을 존중하는 의미를 담은 제품이었다.

루카스 플랜 덕분에 연합위원회는 확실히 공세적인 입장을 가질 수 있었다. 경영이 어렵다고 하지만, 이러한 대안 제품들을 생산하면 노동자들의 고용도 유지하고 더 좋은 기업을 만들 수 있지 않느냐는 논거가 뚜렷해졌기 때문이다. 그러나 루카스 플랜을 검토하자는 교섭 요구에 대한 사측의 반

4) 나이젤 화이틀리, 《사회를 위한 디자인》, 홍디자인, pp.186~190.

응은 일관된 거부와 무시였다. 그 이유는 한편으로는 생산 결정과 관련된 것은 경영자의 고유 권한이라는 것이었고, 다른 한편으로는 연합위원회가 법적 근거가 없는 노동자 기구라는 것이었다.

1977년 2월 마침내 회사는 세 곳의 사업장에서 20%의 잉여 노동력이 존재하며 대략 1,100명의 정리 해고가 필요하다고 통보했다. 교섭의 한계에 봉착한 연합위원회는 노동당 정부의 지원을 기대했지만, 정부는 루카스 플랜의 의미에 대한 립서비스 이상의 무엇을 하지는 않았다. 산업부 장관에서 에너지부 장관으로 자리를 옮긴 토니 벤도 힘이 달렸고, 노동당도 산업계와 각을 세우는 모험을 할 생각이 없었으며, NATO의 군수산업 요구도 따라야 했다. 이렇게 노동당 정부에 매달리는 와중에 연합위원회의 현장 장악력은 시나브로 약화되고 말았고 루카스 플랜에 대한 조합원들의 관심도 식어 갔다.

영국의 공식 산별노조의 반응도 미지근한 편이었는데, 이유는 산별노조도 기존 노조의 골간 대의 조직이 아닌 연합위원회의 비공식성이 불편했던 것과 함께 당시 집권 노동당과의 협력 체제를 흔드는 강한 입장을 내고 싶어 하지 않았던 탓이었다.

대안 생산 계획이 나와 있던 것이 노동조합에 힘이 되어 경영진이 함부로 해고를 단행하지 못했고 덕분에 일부 일자리를 지킬 수 있었던 것은 사실이지만, 루카스 플랜은 어쨌든 루카스항공 내에서는 문서로만 남게 되었다. 1979년 마가렛 대처가 집권하면서 정치 분위기가 바뀌자 루카스항공의 지도적 활동가들이 쫓겨났고, 쿨리 자신도 노동조합 일이나 '사회 전체의 관심'에 너무 시간을 쓴다는 이유로 1980년에 해고되고 만다.

루카스 플랜과 정의로운 전환

그런데 루카스 플랜의 실험이 이것으로 끝난 것은 아니었다. '빨갱이' 런던시장 켄 리빙스턴이 이끄는 노동당 좌파 그룹이 런던광역시의회(GLC)를 장악하자 GLC는 일종의 지방자치체 사회주의 전략을 시도하며 그 일환으로 런던광역시기업이사회(GLEB)를 만들었다. 쿨리는 여기에 기술국장으로 취임하여 런던의 실업과 싸우고 기술 네트워크 조직을 맡으면서 루카스 플랜의 꿈을 이어가고자 했다. 이 네트워크는 지역공동체 그룹과 대학들을 연계하여 생태적으로 바람직한 제품과 시스템을 개발하고 그것을 소기업과 협동조합이 이용할 수 있도록 했다. 쿨리는 장애인과 취약 집단을 위한 제품 개발, 일종의 공정 무역 시스템, 인간 중심 생산 공정 설계 프로젝트 등을 지원했고, '인간 중심 시스템(Human Centered

Systems)' 개념을 심화 발전시켰다. 하지만 이러한 시도들을 대처가 곱게 볼 리 없었고, 대처는 런던광역시의회 제도 자체의 폐지로 답했다.

그럼에도 루카스 플랜의 영향은 여러 곳으로 뻗어 나갔다. 영국에서는 뉴캐슬과 맨체스터 지역의 여러 발전소에서 비슷한 '노동자 계획'들이 출현해 열병합 발전 같은 대안 계획을 검토했다. 전차와 잠수함을 만드는 빅커스 군수공장의 노동자들은 파력발전 시스템 개발을 요청했다. 코벤트리의 크라이슬러자동차 공장의 직장위원들은 생태적으로 바람직하지 못한 석유 연료 자동차에서 탈피하자고 요구했다.

1976년 협동 계획서가 출간될 때부터 루카스 플랜은 영국뿐 아니라 미국과 유럽 여러 나라에서 큰 관심을 끌었고 유사한 시도와 실험을 낳았다. 한국에서도 1990년대 초반부터 진행되었던 과학기술자 운동과 과기노조 운동, 그리고 과학 상점의 시도에 이르기까지 루카스 플랜은 큰 영감이 되었다.

돌이켜 보면, 루카스항공에서 전개된 사회적으로 유용한 생산운동은 바람직하지 않은 제품을 다른 바람직한 것으로 대체할 뿐 아니라 그 방법을 의제로 삼는 데까지 나아갔다. 노동자 사이의 분할을 극복하고 작업장과 지역사회의 장벽을 가로지르며 노동자의 암묵적 지식과 능력을 존중하고 끌어내려는 운동이었기 때문이다. 노동조합 운동이 더욱 방어

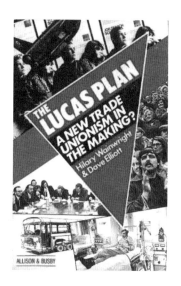

새로운 노조운동으로서의 루카스 플랜
ⓒAllison & Busby

적으로 침잠하면서 이러한 급진성과 상상력이 잊혀 갔지만, 그래서 루카스 플랜은 더욱 아쉽게 기억된다.

최근 마이크 쿨리는 기후변화와 에너지 위기 시대에 녹색운동의 성장과 노동운동 갱신의 필요성 속에서 35년이 넘은 루카스 플랜의 시간이 더욱 현실적으로 다가온다고 이야기했다. "다시 한번 우리는 많은 사람에게 돌아갈 일이 없다는 이야기를 듣는다. 우리의 병원은 인력과 장비가 충분히 갖춰져 있고, 우리의 대중교통 서비스가 운행 횟수도 충분하고 안전하며 환경적으로 바람직하고, 우리의 주택이 안성맞춤으로 공급되고 잘 유지 보수되고 있어서 할 일이 없다는 말인가? 그저 한번 둘러보라. 도처에 해야 할 일이 널려 있다. 부족한 것은 상상력과 창의력과 이를 창조적으로 이용할 용기다."

한국의 루카스항공과 한국의 마이크 쿨리가 어느 날 갑자기 등장할 리는 없을 것이다. 그러나 탈핵과 에너지 전환이라는 숙제, 경제와 고용 위기 대응이라는 과제 속에서 지금 '정의로운 전환'과 대안적 생산을 이야기한다면 루카스항공의 경험부터 돌아보는 것이 참으로 마땅할 듯하다.

그린카와 노동조합

　자동차 왕국 디트로이트의 몰락은 한국에서도 소위 강성 노조를 공격하는 단골 메뉴다. 헨리 포드 시대 이후 자동차 산업은 육체 노동자도 중산층의 삶을 누릴 수 있음을 보여주었지만, 제너럴모터스(GM) 등 디트로이트 '빅쓰리(Big3)'의 경영진이 거대 노조인 전미자동차노조(UAW)에 끌려 다니다가 일본과 한국의 무노조 현지 공장들과의 경쟁에서 밀려나게 되었다는 논리다. UAW가 1930년대 파업 투쟁으로부터 크고 강하게 성장했던 것도 사실이고, 백인 정규직 노동자 중심으로 높은 임금과 혜택을 누렸던 것도 사실이며, 디트로이트가 도시 파산에 이를 정도로 황폐해진 것도 모두 사실이다. 디트로이트 자동차산업은 2009년 불황 이전부터 이미 쇠퇴하고 있었다. GM이 3만 명의 노동자를 해고한 뒤 이를 따져 물으러 GM 회장 로저 씨를 찾아다니는 여정을 담은 마이클 무어의 다큐멘터리 〈로저와 나〉에는 맨 마지막에 정작 "이 영화는 플린트에서 상영될 수 없습니다"라는 자막이 나온다. 디트로이트와 플린트의 극장 대부분이 문을 닫을 정도로 도시가 쇠락했다는 뜻이다.

그럼에도 디트로이트의 몰락이 UAW 때문이라는 것은 악의적인 단정이다. GM의 신차 생산원가 중 인건비 비중은 7% 정도인데, 이것이 경쟁력을 결정적으로 좌우할 정도는 아니다. 많은 이들은 빅쓰리의 제품 전략 실패로 인한 경쟁력 상실이 주된 이유라고 지적한다. 신흥 경쟁사들이 더 작고 저렴하며 효율성이 좋은 차종에 주력할 때 빅쓰리는 미국의 값싼 에너지 가격에 의존해 엄청나게 기름을 잡아먹는(Gas-guzzling) 대형 차종을 고집하며 단기 이익 창출에 골몰했던 것이다. 물론 자본가들은 새로 공장을 지을 바에야 성가신 노조도 없고 의료보험비와 연금 등 '유산비용(Legacy Cost)'도 신경 쓸 필요가 없는 남부 지역을 택하는 게 편했다.

어쨌든 지금 언론은 GM과 크라이슬러가 법정 관리에 들어간 위기 이후 미국 노조들도 달라졌다고 보도하기 바쁘다. GM의 노사 관계가 변화하여 UAW의 새 위원장인 밥 킹이 2011년 GM 및 포드의 노사 협상에서 생산성 향상과 경쟁력 회복을 위한 노사 협약을 받아들였으며 건설적인 비즈니스 파트너십이 형성되었다는 것이다. 글로벌 경쟁 환경에서 노

Drive union

This guide is prepared by the UAW to provide information for consumers who want to purchase vehicles produced by workers who enjoy the benefits and protections of a union contract. All vehicles on this list are made in the United States or Canada by members of the United Auto Workers (UAW), Canadian Auto Workers (CAW) or the International Union of Electrical Workers-Communication Workers of America (IUE-CWA).

Because of the integration of U.S. and Canadian vehicle production, all vehicles on this list include significant UAW-made content and support the jobs of UAW members.

However, those vehicles marked with an asterisk (*) are sourced from the United States and/or Canada and a third country. When purchasing one of these models, check the Vehicle Identification Number (VIN.) A VIN beginning with "1," "4" or "5" identifies a U.S.-made vehicle; "2" identifies a Canadian-made vehicle.

Not all vehicles made in the United States or Canada are made by union-represented workers. The Toyota Corolla, for example, is made in the United States by UAW members, but the Canadian model is made in a nonunion plant and other models are imported from a third country. To be sure you have a union-made vehicle, buy one of the vehicles on this list.

UAW Cars
Buick Lucerne
Cadillac CTS
Cadillac DTS
Cadillac STS
Cadillac XLR
Chevrolet Cobalt
Chevrolet Corvette
Chevrolet Malibu
Chevrolet Malibu Maxx
Chrysler Sebring
Dodge Caliber
Dodge Neon
Dodge Stratus
Dodge Viper
Ford Focus
Ford Five Hundred
Ford Freestyle
Ford GT
Ford Mustang
Ford Taurus
Lincoln LS
Lincoln Town Car
Mazda 6
Mercury Montego
Mitsubishi Eclipse
Mitsubishi Galant
Pontiac G6
Pontiac Solstice
Pontiac Vibe
Saturn ION
Saturn Sky
Toyota Corolla *

UAW SUVs
Cadillac Escalade *
Cadillac SRX
Chevrolet Suburban *
Chevrolet Tahoe *
Chevrolet TrailBlazer EXT
Dodge Durango
Ford Escape/Escape Hybrid
Ford Excursion
Ford Expedition
Ford Explorer
Ford Explorer Sport Trac
GMC Yukon XL *
GMC Envoy XL/Envoy EXT
GMC Yukon/Denali *
Hummer H1 Alpha
Hummer H2
Hummer H3
Isuzu Ascender EXT/
    (7 passenger)
Jeep Grand Cherokee
Jeep Liberty
Jeep Wrangler
Jeep Commander
Lincoln Aviator
Lincoln Navigator
Mazda Tribute
Mercury Mountaineer
Mercury Mariner/
    Mariner Hybrid
Mitsubishi Endeavor
Saturn VUE

UAW Pickups
Chevrolet Silverado *
Chevrolet Colorado
Chevrolet SSR
Dodge Ram *
Dodge Dakota
Ford F-Series *
Ford Ranger
GMC Sierra*
GMC Canyon
Isuzu I-series
Lincoln Mark LT
Mazda B-series
Mitsubishi Raider
Toyota Tacoma *

CAW Vehicles
Buick Lacrosse
Chevrolet Equinox
Chevrolet Impala
Chevrolet Monte Carlo
Chevrolet Silverado *
Chrysler 300
Chrysler Pacifica
Chrysler Town & Country
Dodge Charger
Dodge Magnum
Dodge Caravan/
    Grand Caravan

UAW Vans
Buick Terraza
Chevrolet Express
Chevrolet Uplander
Chrysler Town & Country
Dodge Caravan/
    Grand Caravan
Ford E-series
GMC Savana
Pontiac Montana
Saturn Relay

Ford Crown Victoria
Ford Freestar
GMC Sierra*
Mercury Grand Marquis
Mercury Monterey
Pontiac Grand Prix
Pontiac Torrent

IUE Vehicles
Buick Rainier
Chevrolet TrailBlazer
GMC Envoy
Isuzu Ascender
SAAB 9-7x

UAW 조합원들의 생산 차종 목록
ⓒWashington State Labor Council

사 간 대립은 조합원의 이익을 해친다는 것을 노조도 이해하게 되었다는 얘기다.

UAW가 노사 협조에만 골몰하는 것은 아닐 것이다. 지금 UAW의 다른 자구책은 한편으로는 그동안 이주노동자의 영역으로 조직화를 방치했던 미국 남부 등 그린필드(미개척지)를 적극적으로 조직하는 것이고, 다른 한편으로는 노동조합원들이 만든 자동차 구매 홍보(Drive the Union Label) 같은 판매 촉진 활동이다. 노조 마케팅이 얼마나 효과가 있는지는 모르겠지만, 이 목록에 험머나 지프 등 대형 차종과 SUV가 다수 포함되어 있음이 보인다.

북미 자동차산업은 금융 위기의 잠복 외에 셰일가스 붐 등 몇 가지 우호적인 조건으로 한숨을 돌리고 있다. 위기가 지나면 사람들은 그간 해 왔던 심각한 고민을 금세 잊곤 한다. 그러나 지금의 자동차산업이 계속 회복기를 이어갈 수 있을까? 그리고 그것은 지속 가능할까?

누가 전기 자동차를 죽였나?

석탄이 증기기관을 통해 산업혁명의 원동력을 제공했다면, 석유는 자동차를 통해 현대의 도시와 문명을 만들었다. 독일의 칼 벤츠가 최초로 자동차를 발명한 게 1886년이었고, 1903년에는 미국에서 시속 35km를 넘는 자동차를 적발하기 시작했다고 한다. 1908년에는 헨리 포드가 그 유명한 T-모델을 대량생산하여 '포드주의' 시대를 열었다. 최초의 유료 고속도로는 1940년 펜실베이니아에서 개통되었고, 한국의 경부고속도로가 준공된 건 1970년이다. 그리고 1995년에 와서는 UN에서 인간의 활동이 기후변화를 일으킨다는 보고가 나왔고, 자동차 운행을 그 근본 원인 중 하나로 지목했다. 겨우 100여 년 만의 일이다.

'자본주의 이행 논쟁'으로 잘 알려진 마르크스주의 경제학자 폴 스위지도 1973년에 ≪먼슬리 리뷰≫에 기고한 〈자동차와 도시들〉이라는 글을 통해 자본주의와 자동차, 도시의 동반 발전, 그리고 기술과 소비가 갖는 관계와 도시문제의 현주소를 돌아본 바 있다. 가장 큰 산업 전후방 연계 효과를 갖고 가장 큰 대중 소비를 좌우하는 것이 자동차, 특히 승용차인 만큼 이를 장악하는 자본도 가장 거대한 자본들이었다.

그런데 지금과 같은 자동차와 석유 의존의 경로가 꼭 유일했던 것은 아니다. 자동차 자본이 이러한 경로를 유도했거나 만들어 낸 측면도 있기 때문이다. 음모 이론의 대표적 사례로 곧잘 언급되는 미국의 전차 스캔들(Great American Streetcar Scandal)도 이를 보여준다. 20세기 초반만 해도 볼티모어, 로스앤젤레스, 뉴욕, 오클랜드 등 미국의 대도시들은 전차와 전철, 버스 등 잘 발달한 대중교통 시스템을 갖추고 있었다. 그러나 수십 년 만에 이 모든 것들이 사라지고 대부분 자동차 중심 도시로 바뀌어 버렸다. GM 등 자동차 자본과 도로 영업자들이 이 대중교통 회사들을 사들여 시설을 묵히거나 파괴해 버렸다는 것이 이 스캔들의 요지다. 시민들은 별수 없이 승용차를 이용하고 또 구매하게 되었고, 도로는 더욱 확장되고 자동차 시장도 더욱 넓어졌다. 일단 승용차 의존 구조를 갖게 된 도시는 이를 쉽게 바꿀 수 없었다.

자동차산업이 질식시켜 쫓아낸 대안적 수송 수단에는 전기 자동차도 있다. 크리스 페인이 제작하여 선댄스 영화제에서도 화제가 된 2006년 다큐멘터리 〈누가 전기 자동차를 죽였나?(Who Killed the Electric Car?)〉는 더욱 가깝고도 리얼하다. 이 필름은 실은 최초의 전기 자동차가 이미 1835년에 제작되었고, 1900년 초반에는 유럽에서 전기 자동차가 가솔린 자동차보다 더 많이 생산되었다는 사실을 먼저 환기한다. 그렇다면 전기 자동차는 왜 그동안 우리 곁에서 좀체 볼 수 없었을까?

크리스 페인의 설명에 따르면 1990년에 캘리포니아 주정부가 배기가스 제로법을 제정하여 캘리포니아에서 판매되는 자동차의 CO_2 배출 기준을 낮춘다. 이에 따라 유명 자동차 회사들이 전기 자동차 개발에 들어갔고, 1996년에 GM이 먼저 EV1이라는 전기 자동차 모델을 내놓았다. 뒤이어

전차 차량들이 로스앤젤레스의 야적장에서 녹슬어 가고 있다(1957년).
©Los Angeles County Metropolitan Transportation Authority Research Library
and Archive

일본 업체들도 새 모델을 선보이게 되었다. 소음도 적고 엔진오일도 필요 없는 전기 자동차는 시중에 5천여 대나 팔렸다고 한다.

그런데 이 꿈의 자동차 EV1이 갑자기 GM에 의해 전량 리콜되고, 일본 업체들도 같은 조치를 취하게 된다. 이용자들은 연행을 불사하며 리콜에 저항했지만, 이 차량은 사막 한가운데서 조용히 폐차되어 사라졌다. 페인의 주장은 전기 자동차가 편리하고 친환경적임에도 그것의 폭발적 영향력을 두려워한 세력들에 의해 축출되었다는 것이다. 정유사와 주유소 등을 포함하는 석유 카르텔, 가솔린 엔진과 미션을 만드는 자동차 회사와 부품 회사까지도 이 이해관계망의 일부였다. 기존 자동차 공장 도시들을 지역구로 둔 정치인들도 예외일 수 없었다. 결국, 캘리포니아의 배기가스 제로법도 폐지되고 말았다. 그러면서 GM은 오히려 험머 같은 대형 차종을 적극적으로 양산하며 시장 탈환을 시도했다. 여기서 UAW의 입장은 다분히 수동적 용인에 가까운 것이었다. 그 결과는 디트로이트 빅쓰리의 실패였다.

미국의 자동차산업 노조가 다르게 대응할 수는 없었을까? 어쨌든 20세기 말과 21세기 초의 UAW에게 생산에 대한 고민은 먼일이었다. 그러나 적어도 2차 대전 후 얼마 동안 UAW는 기업의 생산 관련 의사결정에 온건하게 도전하는 자세를 취했었다. 하지만 GM에서 쓰라린 파업 패배를 겪고 난 후 노조는 이러한 전략을 버리게 되었다. 노조 내 좌파에 대한 자신의 권력을 공고히 하려는 노력의 일환으로, 사민주의 노조 지도부는 곧 회사들과 다른 관계 형성을 모색하게 된다. 이른바 '디트로이트 협정'은 생산과 생산 결정에 대한 기본적 통제를 경영진에게 양보하고 이를 대가로 생산성 증가분에 대해 더 많은 이익을 취하는 것이었다. 이로부터 자동차산업에 특징적인 교섭 패턴이 자리 잡았고, 생산 차종의 결정은 물론 생산 속도 증대나 인원 배치 같은 작업장 내 노동과정에 관한 사항도 노동조합의 권한 바깥이 되었다. 고임금과 고용 안정을 생산 통제와 맞바꾼 얼마 동안의 평화였다.

그러나 1980년대 이후 몰아닥친 미국 자동차산업의 위기 속에서 이러한 산업 평화는 유지될 수 없었다. 위기가 거듭될수록 노조는 인원 축소를 연이어 감내하면서도 남은 조합원들과 가족들의 이익을 지키기 위한 양보 교섭의 수렁으로 빠져들게 되었다. 이와 더불어 UAW는 노동자계급의 다른 부위들뿐 아니라 다른 사회운동들로부터도 점차 고립되었다. 노조는 더 엄격한 환경기준의 적용에 반대하고 디트로이트의 빅쓰리가 선택한 모델을 방어하는데 함께했던 것이다. 자신의 조합원과 상대적으로 좋은 급여(그리고 회사가 제공하는 개별 복지)의 일자리를 지키려는 협소한 태도도 불안정하고 처우가 낮은 다른 노동자들에게 좋은 감정을 줄 리가 없었다.

UAW와 분리한 CAW(캐나다자동차노조)의 대응은 차이가 있었다. 노동자계급 내 분할에 저항하며 비정규직의 일자리를 지역사회에서 함께 지켜내고자 했고 생산성 협약 논리에 협조하지 않으려 노력했다. 그러나 2000년대 초반 캐나다 달러 가치가 미국 달러에 비해 급격히 오르고 에너지 가격도 오르기 시작하면서, 게다가 정부가 신자유주의 정책을 취하면서 국내시장 통제가 약화되자 CAW도 이전과 같은 전략으로 지탱하기에 버거움을 느끼고 있다.

자동차산업의 전환은?

자동차산업에서 기존의 경제 조건에 기반하는, 한 공장이나 회사만을 고려하는 노조 전략은 지속하기 어렵다. 부분적으로, 즉 지역이나 일부 국가 수준에서 잠정적 경쟁력은 유지할 수 있을 것이나 노동자계급과 노조들 사이의 분할과 경쟁이 불가피할 것이다. 더욱이 세계적 수준의 완성차 과잉생산과 환경기준의 강화를 고려하면, 그리고 석유 자원의 유한성을 생각하면 계속 이렇게 갈 수는 없을 것이다. 비단 미국뿐 아니라 유럽, 그리고 조만간 일본과 한국의 자동차산업도 마찬가지다.

우리의 일자리냐 그들의 일자리냐, 또는 일자리냐 환경

EV1이 사막에서 폐차되는 다큐멘터리 장면
©2004 Kenneth A. Adelman

이냐 하는 대립 구도를 깨지 않는다면 장기적 해법을 찾기 요원해 보인다. 여기서 스웨덴 볼보자동차 공장에서 일하는 노동자이자 좌파 정당 활동가인 라르스 헨릭슨(Lars Henriksson)의 급진적인 이야기를 들어볼 만하다.[5]

그에 따르면 2009년에 스웨덴에서도 예외가 아니었던 자동차산업 위기에 대해 주류적 논의는 대체로 다음과 같은 것들이다. 하나는 '창조적 파괴'를 지지하는 주장으로, 즉 시장이 한계 기업을 퇴출하도록 그냥 두어야 한다는 것이다. 그러면 살아남은 기업들이 알아서 산업의 경쟁력을 회복할 것이라는 얘기다. 이것의 녹색 버전도 있는데, "자동차가 기후에 해악을 미치고 있으니 자동차도 그것을 만드는 회사도 필요 없다는 것, 결국 자동차산업이 사라진다면 좋은 것"이라는 일부 환경주의자들의 입장이 그것이다.

다른 하나는 자동차산업 지원을 옹호하는 주장이다. 어려운 시기 동안 정부가 구제금융이나 보조금 등을 통해 산업이 정상화되도록 도와야 한다는 것인데, 스웨덴에서는 사민당, 자동차산업, 그리고 많은 분석가와 노동조합들이 이 입장이었다. 이러한 경우에 노조는 임금 삭감이나 노동시간 단축, 생산성 향상 등으로 '기여'하는 교섭을 하곤 한다.

그러나 헨릭슨의 생각은 이와 다른데, 자동차산업 지원

---

5) Lars Henriksson, 〈Cars, Crisis, Climate Change and Class Struggle〉, ≪Trade unions in the green economy : working for the environment≫, London : Earthscan, 2012.

책에 깔린 근본적 가정들이 틀렸기 때문에 이러한 접근들은 더 큰 재앙을 가져온다는 것이다. 그가 보기에 자동차산업에서 '정상으로의 회복', 즉 적어도 끊임없는 자동차 생산 확장은 가능하지 않다. 기후변화로 인한 온실가스 감축 필요성 때문만이 아니라 가까운 미래에 석유 정점(Peak Oil)으로 인해 더 이상 저렴한 에너지 이용이 불가능해질 것이다. 결국, 도로를 가득 메운 자동차에 기반을 둔 교통 시스템은 가능한 선택지가 아니다. 이에 대해 업계가 제출하는 대안인 그린카, 연료 효율성 향상, 재생 가능한 연료 등은 어떠한가? 헨릭슨은 이것 역시 환상에 불과하다고 단언한다. 전기차나 수소차 역시 다른 발전원으로부터 에너지를 전환해야 하며, 이것은 석탄 화력 발전이나 핵 발전을 수반할 수밖에 없다. 바이오 연료 또한 스웨덴 내부에서 충분히 조달될 수 없으며, 해외에서는 식량 자원과 충돌을 일으키게 된다. 그에 따르면 특히 도로 교통 총량이 조절되어야 하며, 그것은 우리가 아는 바와 같은 자동차산업의 종말이 될 것이다.

스웨덴도 다른 나라들처럼 산업 흥망의 물결을 겪어 왔다. 60년대에는 섬유산업이 몰락했고 70년대와 80년대에는 조선업이 그랬으며, 지금은 자동차산업이 그 운명에 다가가고 있다. 이러한 '구조 전환'을 돕는 것이 노동조합과 사민당의 공식 정책이었지만, 지금은 다른 산업으로의 단순한 대체는 답이 되지 못한다.

그래서 헨릭슨은 이제는 단지 차종을 바꾸는 정도가 아니라 화석에너지 경제로부터의 탈출을 수반하는 더 큰 전환의 대안을 주문한다. 그리고 자동차산업에 축적되어 온 설비와 노하우, 특히 노동자들의 암묵적 역량을 적극적으로 활용해야 한다고 주장한다. 그러나 손에 잡히는 대안이 보이지 않을 때 노동조합이 이 방향으로 나서기란 쉽지 않을 것이다.

그는 1980년대에 스웨덴에서 핵 발전소 지속에 대한 국민투표를 할 때 환경운동에서 '대안 에너지 플랜'을 제출한 것이 아주 중요한 역할을 했음을 환기한다. 핵 발전소를 폐쇄할 때 그것이 재생에너지로 어떻게 대체 가능한지를 보여주었고 캠페인에 결합하는 이들에게 자기 확신을 불어넣어 주었던 것이다.

이와 비슷한 시도가 교통산업 부문에서도 진행되고 있다고 한다. 예를 들면 2009년 5월에 유럽 여러 나라의 연구자들과 노조 대표자들이 독일 쾰른에 모여 '다음 역은 민중의 철도(Next stop: The People's Railway)'라는 제목의 회의를 연 것이다. 이들은 철도 민영화에 반대하고 공공 교통의 확충을 포함해 지속 가능한 교통 시스템을 지향하는 쾰른 선언을 발표했다. 구체적인 방안으로, 15년 내에 유럽 교통의 CO_2 배출량을 75% 감축하기 위한 '레일유럽 2025'가 제출되었다. 헨릭슨은 이러한 종류의 계획이 노동조합과 사회운동이 정치적 압력을 행사하는 데 이용될 수 있을 것이라고 본다.

디트로이트 빅쓰리에 대한 연방 정부 구제금융 논의가 막바지로 치달을 즈음, 디트로이트와 GM에 자신을 포함한 여러 가족의 삶을 신세졌던 마이클 무어가 했던 이야기도 "승용차 대신 열차와 버스를 생산하라"는 것이었다. 프랭클린 루스벨트가 2차 세계대전 당시 위기에 처한 자동차 업체들에 자동차 대신 탱크와 비행기를 만들도록 한 것과 마찬가지로, 차기 미 행정부와 의회가 일종의 마셜플랜을 강구해야 한다는 것이었다. 무어는 자동차 생산은 미래형 연료 절감형으로 한정하고 대신 대중교통 이동 수단을 생산하는 기업으로 전환하자는 것이며, 이를 위해 주요 기업의 국유화도 필요하고 정부투자를 통한 일자리 창출도 기대할 수 있을 것이라 주장했다.

한국의 자동차산업에도 이러한 전환의 요구가 급격히 닥칠지 시간을 두고 다가올지 예단하기 어렵지만, 엔진과 미션 공장이 필요 없는 전기 자동차 또는 다른 수송 수단 시대의 도래는 불가피할 것이다. 자동차의 대량생산과 소비라는 전제가 불변의 것이 아니라면, 그에 따라 만들어졌던 일자리와 지역사회, 형성되어 왔던 교섭과 투쟁의 틀도 계속될 수는 없을 것이다. 헨릭슨과 무어의 제안을 바로 받아들이지는 못한다 하더라도 자동차 자본의 선택에 의존하며 내부에서의 투쟁에만 주력했던 UAW의 대응은 반면교사임이 분명하다.

시드니, 용산, 그리고 밀양

잭 먼데이(Jack Mundey)라는 이름을 들어보았는지? 1929년 오스트레일리아 퀸즐랜드에서 태어났으니 지금 팔순이 훌쩍 넘은 나이지만 여전히 정정히 활동하고 있는 전설적인 오스트레일리아 노동 운동가다. 초등학교 때 권위주의적 교육 방식이 싫어 학교에서 도망 나왔고, 19살이 된 1950년대 초반에 금속 노동자가 되었다. 금속노동자연맹과 건설노동자연맹이 통합하면서 건설 노동자가 되었는데, 중공업에 종사할 때부터 작업장의 안전과 노동조건 결핍에 문제의식을 느끼게 되었다. 1953년에는 오스트레일리아 공산당에 입당하기도 했다.

1960년대에 먼데이는 선구적인 조합원으로서 건설현장의 안전 향상은 물론 여성주의, 동성애 권리, 국제정치 등 더 넓은 사회 이슈들에 관심을 가졌고, 이 모든 것들이 노동조합 운동의 목표와 무관하지 않다고 생각했다. 1968년 뉴사우스웨일즈(NSW) 지역의 건설노동자연맹(BLF) 총장으로 선출되었고, 이것이 역사적인 '그린 밴'을 이끄는 결정적인 계기가 되었다.

잭 먼데이라는 인물

그린 밴(Green Ban)은 '녹색 금지', 즉 환경을 파괴하는 활동을 금지한다는 뜻으로, 노동조합원의 권리를 위한 작업장 행동을 뜻하는 '블랙 밴(Black Ban, 조합원 명부를 검은 잉크로 작성한 데서 나온 명칭)'과 대비하여 붙여진 이름이다. 최초의 그린 밴은 1971년 시드니의 부둣가 갯벌 근처의 켈리숲(Kelly's Bush)이 개발될 위기에 처하자 인근 주민들과 지역사회 단체들이 노조에 도움을 청하면서 시작되었다. 지방의회, 법원, 언론사 등을 찾아다니며 호소했지만 별 효과를 보지 못한 지역 활동가 몇 명이 BLF 사무실을 찾았고, 먼데이를 비롯한 노조 운동가들은 공개 회합을 열자고 제안했다. 600명이 넘는 사람들이 모인 자리에서 열띤 토론이 벌어졌고, 지역 주민들은 BLF의 조합원들에게 켈리 숲 개발 공사 거부와 공사 저지 행동을 공식적으로 요청하게 된다.

공사를 맡은 건설 회사인 A. V. 제닝스는 비조합원 노동

록스 지역에서 끌려 나오는 잭 먼데이
©Robert Pearce

자들을 써서 켈리 숲 공사를 진행하겠다고 발표했지만, 북부 시드니에서 제닝스의 사무실 건설 프로젝트를 진행하던 건설 노동자들이 제닝스에게 메시지를 보냈다. 만약 켈리 숲에서 건설공사를 하려 한다면, 나무 한 그루만 베어지더라도 이 건물은 반쯤만 지어진 채 켈리 숲의 기념비로 남게 될 것이라고 말이다. 이는 제닝스뿐 아니라 다른 건설업자들에게도 경고로 다가왔다.

이 첫 그린 밴은 매우 성공적이었고 제닝스가 물러난 켈리 숲은 여전히 공개 공유지로 남아 있다. 그때부터 비슷한 위기에 닥친 지역사회와 환경운동들은 NSW BLF를 찾아와 그린 밴을 요청하게 되었다. 하지만 노조는 대중 회합을 통한 대중적 관심과 지지가 충분히 뒷받침될 때만 그린 밴이 가능하다고 주장했다. 지역사회와 결합하지 않는 자의적 운동은 할 수 없다는 것이었다.

건설 노동자들이 그린 밴 요청에 선뜻 응한 것이 의외일 수도 있지만, 아마도 잭 먼데이를 비롯한 노조 활동가들의 관심과 의식이 이미 상당히 넓고 높았기 때문이었을 것이다. 혹자들은 노조가 고용된 임무를 위배한다고 주장했지만, 그린 밴 운동의 지도자들은 수익성만을 위해 지역공동체를 파괴하며 고층 건물과 호화 주택을 짓는 대신 유치원, 병원, 노인을 위한 주택 등 평범한 사람들을 위한 건물이 더 만들어져야 하며 유서 깊은 건물과 공유지, 자연환경은 보전되어야 한다고 생각했다. 먼데이는 이렇게 썼다. "우리가 다음 세대에게 하게 될 말은 무엇일까요? 완전고용이라는 이름으로 시드니를 파괴했다고? 아닙니다. 우리는 사회적으로 유용한 건물들을 건설하기를 원합니다." 시드니의 한 여성은 노조에 편지를 보냈다. "저는 노조는 좋아하지 않지만, 당신들과 당신의 노조가 한 일을 고맙게 생각합니다. 사기업의 사람들이라면 바보 같은 파괴를 당신들처럼 막을 수 없었을 겁니다. 우리 같은 이들을 위해 행동해 준 것에 감사드려요."

그린 밴은 1974년까지 42회나 펼쳐졌고 시드니의 유서 깊은 록스(The Rocks) 지역, 센테니얼 파크, 보태니컬 가든 등이 쇼핑센터나 주차장이 되는 대신 보전되어 지역공동체가 유지되는 한편 시드니의 관광 명소와 휴식의 장소를 제공하고 있다. 이 운동은 오스트레일리아 정부의 건설과 도로 정책의 패러다임도 일정하게 바꾸어서 유산보호법과 환경보호 및평가법이 제정되는 결과도 낳았다.

그린 밴의 반향

그러나 건설 자본의 이윤 만들기를 방해할 수밖에 없는 그린 밴이 순탄하게 진행되었을 리가 없다. 운동 과정에서 건설업자의 로비를 뒤에 업은 보수 정치인, 경찰, 언론의 방해와 협박이 줄을 이었다. 심지어 개발 반대 운동에 적극적으로 결합하던 주아니타 닐슨이라는 여성 언론인은 1975년에 실종되었는데, 건설업자들이 고용한 이들에게 납치되어 살해당한 것으로 추정되고 있다. 결국, 1974년에 그린 밴 운동이 막을 내리게 된 것도 NSW 정치인들의 압력을 받은 연방 BLF의 지도자 노엄 갤러거가 먼데이 등 NSW 지부의 활동가들을 제명했기 때문이었다. 그러나 얼마 후 갤러거는 건설업자로부터 뇌물을 받은 혐의로 옥살이를 하게 되었다.

어쨌든 그린 밴은 시드니뿐만 아니라 오스트레일리아를 넘어 세계적으로도 큰 반향을 남겼다. 먼데이가 노동조합의 직위에서 쫓겨난 이후에도 다른 노조에서 비슷한 운동들이 이어졌고, 1976년에는 오스트레일리아 철도노조와 총연맹(ACTU)까지 우라늄 채굴 및 운송 반대 운동에 나서기도 했다. 지역사회도, 노동조합도, 건설업자도, 정부도 모두 그린 밴 이전과 같을 수는 없었다.

게다가 그린 밴 운동은 '녹색(Green)'이라는 말이 국제 무대에서 정치적 의미를 갖게 만든 계기이기도 했다. 마침 그린 밴이 펼쳐지고 있을 즈음 오스트레일리아를 방문했던 독일의 페트라 켈리가 노동운동이 환경운동과 연대하고 있는 상황과 함께 '녹색'이라는 용어의 사용 방식에 깊은 인상을 받았던 것이다. 켈리는 1979년 독일 녹색당 창당의 주역이 되었고, 그린 밴이 환경운동의 가능성을 넓히고 새로운 차

그린 밴 지지 시위를 그린 벽화
©Julie(Sydney Eye)

원을 가져다주었음을 인정했다. 이후에도 잭 먼데이는 개발 문제에 대한 관심과 활동을 멈추지 않았고, 지금은 NSW 역사보전재단의 의장도 맡고 있다. 그에 대한 시드니 시민들과 오스트레일리아 노동 운동가들의 기억과 존중은 여전히 커서 오스트레일리아의 CFMEU(건설임업광업에너지노조)에서 조직 활동가로 일하는 고직만 선배도 몇 해 전 한국을 방문한 자리에서 먼데이에 대한 높은 존경심을 피력한 기억이 있다.

용산 철거민들과의 연대

〈오마이뉴스〉 2009년 1월 29일 자 기사[6]는 먼데이가 한국의 용산 철거민에게 전하는 자필 메시지를 소개한 바 있다. 여기서 그는 용산 투쟁의 고귀함에 대한 환기와 희생자에 대한 위로의 말, 그리고 다음 세대들이 이를 기억할 것이라는 격려를 전하고 있다. 1970년대 그린 밴 운동 과정에서 그와 동료들이 맞닥뜨렸던 상황을 생각하면 용산 참사에서 당시의 시드니를 떠올린 것은 놀랍지만 자연스러운 일이기도 하겠다는 생각이 든다.

이 인터뷰 기사를 조금 더 옮겨 보면 이렇다. "시위가 격렬해지면 대응 수위가 높아지는 건 마찬가지다. 그런데 1970

년대 시드니는 경찰의 곤봉보다 건설 개발 업체가 고용한 용역들의 행패가 더 견디기 힘들었다. 그들은 정말 끔찍한 악마들이었다.", "깡패 수준이 아니라 실제로 깡패들이었다. 그들은 철거 대상자들과 건설노조 소속 시위대들에게도 아주 심한 행패를 부렸다. 물론 건설 개발업자의 사주를 받은 로봇 같은 행동이란 걸 알고 있었지만, 나중엔 그것조차 미워졌다.", "알고 보면 한국이나 호주에서만 발생한 비극이 아니었다. 개발 붐이 한창이던 시대의 미국도 마찬가지였다. 존 스타인벡이 쓴 ≪분노의 포도≫에 나오는 스토리도 똑같지 않은가. 문제는 호주와 미국에선 오래 전의 역사가 됐는데, 한국에서는 현재형으로 벌어지고 있다는 사실이다." 개발 저지 투쟁 막바지에 완력에 의해 강제로 들려 나가는 먼데이의 사진은 정말 남의 일 같지가 않다. 먼데이에게도 이 땅의 사람들이 그렇게 여겨졌을 것이다.

2012년 10월 시드니에서 용산 참사를 다룬 다큐멘터리 〈두 개의 문〉이 상영되었는데 300여 명이 관람하는 성황을 이뤘다. 우연찮게도 용산 참사 사건의 담당 검사를 맡았던 이가 시드니 주재 한국 총영사로 가 있으면서 이 상영회를 두고 불미스러운 일도 발생했던 모양인데, 어쨌든 용산 참사에 대한 먼데이의 관심과 한국의 운동에 대한 애정도 다시 한번

6) 윤여문 기자, "21세기 문명국가에서 사람이 타 죽다니... 2009년 용산은 70년대 시드니의 복사판", 〈오마이뉴스〉, 2009.1.29.

시드니에서 상영된 〈두개의 문〉 영화표와 광고
ⓒ호주 〈두개의 문〉 상영추진위원회

시드니 교민 사회와 CFMEU를 위시한 노조운동에 공유되었을 것이라 짐작한다.

밀양 송전탑 건설 반대한 영남 건설노조

그린 밴은 어떻게 가능했고, 그것이 우리에게 주는 교훈은 무엇일까? 다른 나라의 운동을 그대로 수입해서 우리도 해보자고 다그쳐서 무슨 일이 될 리는 없다. 오스트레일리아 특히 NSW 지역의 노동운동과 지역사회 운동의 저변도 한국보다 훨씬 넓었던 듯하고, 건설 노동자들의 처지나 사회적 조건도 다를 것이다. 그럼에도 용산뿐만 아니라 청계천, 상계동, 사당동에서 사람들이 밀려날 때, 막무가내 4대강 공사와 새만금 공사가 진행될 때, 빈민 운동가나 환경 운동가들뿐 아니라 공사에 직접 투입되고 장비를 움직이는 노동자와 그들의 노동조합이 함께할 수 있었다면 어땠을까? 앞으로도 그런 장면을 꿈꾸는 것은 부질없는 일일까?

자꾸 이야기를 꺼내고 희망하기를 반복해야 꿈은 기획이 되고 현실이 될 것이다. 마침 밀양에서 송전탑 공사의 강제적 재개가 예고되는 가운데 지난 2013년 7월, 영남권 건설 노동자들로부터 반가운 소식이 들려왔다. 민주노총 부산·울산·대구 및 경남·경북본부, 전국건설노동조합 부산·울산·경남본부와 대구·경북본부가 "영남권에서 일하는 건설 노동자들은 밀양 송전탑 공사를 거부한다"고 밝히는 기자회견을 가졌던 것이다. 이들의 주장은 분명하다. 주민의 생명권과 생존권, 재산권 등을 송두리째 빼앗고 주민을 전력난의 주범으로 내모는 한국전력공사의 송전탑 공사에 협력할 수 없으며, 밀양 주민들과 연대해 공사가 강행되지 않도록 함께 투쟁할 것이라는 말이다.

이 행동을 함께할 수 있는 건설 노동자들의 규모가 어느 정도인지, 그런 밴의 사례만큼 유효한 공사 저지 운동으로 펼쳐질 수 있을지는 미지수다. 그러나 이것이 한 시작이 될 수 있을 것이다. 비정규직 노동자들이 농성하던 송전탑에 밀양 주민들이 방문하고, 거꾸로 평택과 울산의 금속노조 조합원들이 밀양의 송전탑을 방문하여 교류를 확보한 일도 마찬가지다. 이렇게 이들이 서로 만나고 연대를 축적할 때 무엇이 진정 사회적으로 필요한 노동이고 생산인지, 자본의 흐름을 극복할 연대의 흐름은 어떻게 만들 수 있는지 보이기 시작할 것이다.

태백과 정선,
꽃피우지 못한 정의로운 전환

한국에서 지역과 업종의 범위가 교차하는, 그것도 단기간에 집중된 산업 전환의 사례가 있었다면 단연 강원 남부 지역의 석탄산업 합리화 정책일 것이다. 1990년대 내내 신문 지면에 오르내린 지역 주민들의 격렬한 투쟁과 그 결과로 들어선 정선 카지노의 후유증 정도가 기억되고 있지만, 이 20여 년은 여러 행위 주체들의 입장과 활동이 복잡하게 뒤얽혀 전개된 과정이었고 다시 살펴볼 지점도 여럿 있다.

강원도의 탄광 지대가 매우 오래전부터 존재했을 것 같지만, 일제시대인 1926년에 석탄 광맥이 발견되고 삼척개발주식회사가 1936년에 설립되면서 현재의 태백 지역을 중심으로 사람들이 모여들면서부터니까 채 100년이 되지 않았다. 생산된 석탄을 나르기 위해 철암과 묵호항을 잇는 철도가 먼저 개설되고 또 내륙으로 이어지면서 정선부터 문경까지를 넓게 아우르는 탄광산업 단지가 형성되었다. 그리고 급속한 근대화 속에 반 농담으로 지나가던 개도 지폐를 물고 다닌다는 태백과 사북, 고한의 전성시대를 누렸다.

그러나 흔한 비유로 쓰이는 '막장'이라는 말처럼, 탄광촌 삶의 이면은 고달프고 열악한 것이었다. 1980년 사북 노동항쟁을 비롯한 광부들의 저항이 끊이지 않았고 아이들은 여름에는 검은 냇물, 겨울에는 검은 눈을 끼고 살았다. 이 와중에 태백기독청년회 같은 지역운동 조직들도 생겨났고, 85년의 석공 장성광업소 파업 투쟁, 86년 경동탄광 파업 투쟁을 거쳐 87년 노동자 대투쟁의 물결로 이어져서 성완희, 배진, 정운환, 성희직 같은 지역 노동운동 지도자들도 배출되었다. 이러한 역량은 민중당 총선 투쟁을 거쳐 지역 정치 활동의 맹아로 이어졌다.

어렵사리 성장한 태백과 정선 지역의 노조운동은 역설적이게도 같은 시기에 가장 큰 장애물을 만나 이에 종속되게 되었으니 1986년부터 정부가 추진한 석탄감산정책이 그것이었다.

1970년대 이후 석탄 파동이 일어날 정도로 무연탄 수요가 늘어나면서 크고 작은 광산들이 급증했지만, 80년대 중반 이후 무연탄 수요가 감소하고 영세 탄광이 난립하면서 정부는 '주유종탄' 정책으로 전환을 선언하고 석탄산업합리화사업단을 설치하여 이를 본격화하게 된다.

1980년 4월 사북항쟁
ⓒ동아일보

석탄산업 합리화 정책의 기본 취지는 '비경제 탄광의 정비와 경제성 있는 탄광의 건전 육성으로 석탄산업의 자생력 제고와 생산 규모의 적정화를 유도'한다는 것으로, 쉽게 말해 영세 한계 탄광들의 폐광을 유도하고 퇴직자와 업주들에게 자금을 지원한다는 것이었다. 한편으로는 정부 부담을 덜고 경제적 합리성을 추구하자는 것이었지만, 다른 한편으론 잠재적으로 위험 요소인 탄광 지역 노조운동의 근거를 약화하고자 하는 의도도 있었다.

그런데 이 석탄 합리화 사업은 정부가 예상한 것보다 훨씬 빠르게 진행되었고 그만큼 지역사회와 종사자들에게 미치는 영향도 파괴적이었다. 1988년 말에 이미 전국 347개 탄광 중 307개가 폐광했고, 강원 지역에서만 보면 1988년 171개이던 탄광이 1993년에는 겨우 20개만 남았다. 강원 지역 광부의 수는 4만3,831명에서 1만6,038명으로 줄었다. 취업자 중 광업 종사자가 88.4%에 달했던 태백 지역은 한때 12만 명에 달했던 인구가 몇 년 만에 반토막이 나고 빈집들이 즐비한 을씨년스러운 유령도시가 되고 말았다. 박광수 감독의 영화 〈그들도 우리처럼〉의 배경이 그것이다. 여기까지의 과정은 외형적으로 큰 반발 없이 진행되었는데, 광업주들은 채산성 없는 사업의 불투명한 미래 속에서 보상금을 받고 빨리 손을 터는 편이 나았고, 대다수 광부들도 고생하며 돈을 벌러 온 외지인의 입장에서 밀린 퇴직금과 체불임금을 해결하고 다른 일자리로 옮겨 가는 편을 택했기 때문이었다. 노동조합이 성장했다고는 하지만, 88년 이래 정부의 계속되는 탄압 속에 적극적 저항을 조직하기 어려웠고 탄광의 일자리 자체가 없어질지 모른다는 집단적 공포감이 더욱 압도적이었던 듯하다. 1980년대 초중반 대처의 공격에 맞서 싸웠던 영국 탄광노조의 장면이 태백, 정선에서 재현될 수는 없는 분위기였다.

석탄산업 합리화라는 폭탄

강원 남부 지역의 공동화가 이렇게 급속도로 진척될 것이라고는 정부도 예상하지 못한 바였다. 태백과 고한, 사북 지역의 주요 탄광들은 아직 경제성이 있기 때문에 지역 경제 위축은 있어도 도시 자체가 흔들리지는 않을 것이라던 생각이 안일했음이 드러났다. 썰물처럼 빠져나가는 자본과 노동의 동시 철수 속에서 우량 광산마저 속속 문을 닫았고, 탄광 단일 산업에 의존하다시피 했던 이 지역에서는 방사능 폐기물 저장 시설 유치 운동, 교도소 유치 운동까지 시도될 정도로 절망적인 상황이 연출되었다.

이때 나선 것이 노조운동 출신 인사들과 함께한 지역 시민운동 세력들이었다. 1993년에 사북고한지역살리기공동추

사람들이 떠나 버린 까치발 건축물
ⓒ뷰티살롱(http://71hades.tistory.com/2512)

진위원회가 결성되었고, 강원탄광과 함태탄광 폐쇄 움직임에 맞서 같은 해 7월에는 상가 철시, 시민 궐기 대회, 여의도 대행진을 벌이며 지역 살리기 대정부 요구 투쟁을 본격적으로 개시했다.

이즈음 '태백하이랜드'라는 시민 주식회사가 만들어진 것이 눈길을 끄는데, 지역 시민 차원의 자발적 사업 시도가 있어야 정부 지원이 용이할 것이라는 생각과 지역의 수려한 자연환경을 활용한 대체 산업을 구체화할 수 있으리라는 기대가 낳은 것이었다. 6백여 명의 시민이 주주로 참여하여 스키장과 콘도 등 관광·레저 시설을 주민의 힘으로 건설해 주민에게 이익이 돌아가도록 운영하겠다는 계획이었고, 추진 주체들은 열성을 가지고 자본금을 모으며 계획을 구체화해 갔다. 명성 같은 대기업에서도 레저타운을 포함하는 태백 개발 계획을 발표해 뭔가 될 것 같다는 분위기를 높였다.

그런데 태백하이랜드가 추진되려면 주민 주도 방식으로나 대기업 진출 방식으로나 법적 제약을 해결해야 한다는 점이 곧 드러났다. 강원 남부 지역은 대부분 해발 600m 이상 고원 지대에다 녹지 등급이 8등급 이상이며 대부분 국유림인 탓에 산림법과 환경보존법에 의해 개발 제한을 받기 때문이었다. 이 같은 장벽에 막혀 고민하던 지역 주체들은 원기준 목사의 광산지역사회연구소가 제안한 '폐광지역개발 지원에 관한특별법(폐특법)' 제정운동에서 돌파구를 발견했다. 1995

년 벽두부터 태백시 기독교교회협의회에서 특별법 제정 범시민 서명운동을 시작했고, 사북고한지역살리기공동추진위원회는 총궐기 대회를 준비하며 정부를 압박했다. 결국, 정부가 이른바 3월 3일 합의를 통해 특별법 제정을 약속하면서 급박한 대치 상황은 일단락되었고, 특별법에 담길 내용과 지역 대체 산업의 내용과 위치를 둘러싼 줄다리기로 국면이 변화했다.

갈등과 균열

지역운동 주체들은 폐특법을 통해 주민 주도성과 지역 산업과 환경을 보호하는 쾌적한 관광·레저 도시를 만든다는 꿈에 부풀었다. 그러나 폐특법(안)이 공개되면서 많은 난관이 드러났고, 게다가 지역운동 안팎에서 몇 가지 갈등이 노정되었다. 첫째는 환경 규제 완화에 대한 것으로, 환경영향평가 협의권을 도지사에게 위임하는 부분을 환경부가 도저히 받아들일 수 없다고 밝힌 것이다. 경실련과 자연의친구들 같은 환경 단체들이 특별법 저지를 위한 활동을 공개적으로 벌이면서 주민들을 더욱 곤혹스럽게 만들었다. 주민들은 폐광지역이 그동안 입었던 피해와 현재의 참혹한 상황을 몰라주는 환경 단체들이 원망스러웠지만, 환경 단체들에게 주민과의 대화를 요청했고 이에 화답하여 환경 단체들은 실태조사 반을 현지로 파견했다. 환경 단체들도 환경친화적 개발 같은 추상적인 개념 이상의 대안을 제시할 수 없는 막막함을 느꼈다. 다행히 양측은 이해 공감대를 넓혀서 '지역의제21' 공동 작성과 환경성을 보장하는 사업 추진 방식에 동의했다.

둘째는 카지노 설립에 대한 것이었다. 통상산업부는 태백산맥으로 둘러싸인 오지에 관광 개발이 성공하려면 내국인 카지노 같은 특별한 유인 요소가 필수적이며, 그래야 도로 등 기간 시설 설치와 민간투자를 유도할 수 있다고 주장했고, 문화체육부는 국민 정서에 부합하지 않는 도박 행위를 합법화하는 카지노는 허용되어선 안 된다는 입장이었다. 노조운동과 기독교운동 등의 역사적 기반을 갖는 지역운동 주체들은 고민할 수밖에 없었다. 그러나 생존권이 근본적으로 위협받는 가운데에서 불가피한 것이라는 상황 논리를 이기기 어려웠다. 다른 한편, 제주도, 금강산 등 다른 지역의 카지노 유치 움직임이 일어나자 이것마저 빼앗기면 안 된다는 이유의 단결 논리도 작동했다. 다만 카지노업의 수입과 고용이 지역 주민보다 외부로의 효과가 더 클 것이라는 우려에서 지역의 노동집약적 대체 산업도 필요하다는 의견이 함께 제시되었다.

셋째는 가장 비극적인 것으로, 지역 간 갈등이었다. 특별법제정주민연대회의가 4개 시군의 7개 지역(정선군의 고한읍·

사북읍·남면·신동읍, 영월군의 상동읍, 삼척시의 도계읍, 태백시)으로 구성되어 있을 만큼 폐광 지역이 넓고 영향을 받는 주민도 많았지만, 카지노는 1개 지역에만 설치될 수 있었다. 사북과 고한의 주민들은 3.3 합의를 주도적으로 이끌었던 만큼 당연히 자신들의 지역에 카지노가 들어서야 한다고 생각했지만, 태백시가 카지노 유치 의사를 밝히자 감정적 대립이 발생하게 되었다. 급기야는 4개 지역 공동으로 추진하던 1997년 3.3 집회가 무산되고 고한과 사북만의 집회로 치러지는 모양에 이르게 된다. 이러한 갈등은 이후 강원랜드의 부대시설 입지와 수익금 배분을 둘러싸고 확대 재연되어 지역의 단결된 운동은 점차 이완되어 갔다.

그런데 그나마 새로운 고원 관광도시의 희망은 IMF 구제금융의 여파 속에 다시 한번 휘청이고 만다. 2조6천억 원을 투자한다는 폐광지역종합개발계획은 민자 유치 사업 시행사들의 부도 사태와 정부의 기간 시설 설치 지연으로 사실상 카지노 하나만 남게 될 처지가 되었다. 1998년에는 주주 2,600명에 자본금 16억 원을 모아 냈던 태백하이랜드가 투자 원금을 주주들에게 반환하고 해산하기로 하면서 지역에 또 하나의 충격을 안겨주었다. 외부 의존, 이익 분할 요구 방식으로 위축된 지역운동은 적지 않은 좌절감을 겪었을 것이다.

어려운 상황 속에서 자활 공동체 운동의 경험을 생산자

협동조합 등 대안 경제운동으로 연결해 태백을 '한국의 몬드라곤[7]'으로 만들고자 하는 시도도 있었지만, 유력한 결실을 남기지는 못했다.

이후의 과정은 1998년 6월 ㈜강원랜드 설립, 2000년 10월 고한읍에 스몰카지노 개장, 2003년 4월 사북읍에 메인 카지노와 호텔 개장, 골프장과 스키장 개장, 폐특법의 2015년까지 시한 연장 그리고 2025년까지 재연장 등으로 이어졌다. 강원랜드는 워터월드를 포함하는 사계절 가족형 종합 리조트로의 도약과 더 많은 지역 고용을 약속하고 있지만, 지역사회의 자생력과 연대성 회복의 숙제는 그대로 남겨져 있다.

개화하지 못한 실험을 돌아보며

지금 태백과 정선의 상황을 속속들이 알기는 어렵지만, 암울하고 불안한 분위기는 여전한 것 같다. 가장 많이 언급되는 것은 카지노의 후유증이다. 도박 중독과 앵벌이 양산, 번창하는 전당포, 높아진 인근 범죄율과 특히 청소년 피해, 더구나 지역 경제와는 여전히 따로 떨어져 있고 협력 업체

---

7) 몬드라곤은 스페인 바스크 지방의 자치시 이름으로, 호세 마리아 아리스멘디아리에타 신부가 설립한 노동자 생산협동조합의 도시로 알려져 있다.

동원탄좌 옛 건물 뒤로 정선카지노가 보인다.

종사자들의 고용도 불안정하다. 1990년대 중반 폐특법 제정에 앞장섰던 이들 중 한 사람인 정운환 정선지역발전연구소 장도 카지노 유치밖에 대안이 없던 상황을 언론 인터뷰에서 안타깝게 회고하고 있다.

태백과 정선은 지역운동 역량이 존재했고, 어려운 조건이었지만 지역의 가장 큰 생산기반인 노동조합과 지역운동이 자연스럽게 결합했으며, 대안적 지역 산업 기획을 모색하는 일련의 시도가 있었다. 그 속에서 운동의 자원과 정부 및 민간 자원을 활용하고자 하는 전략이 전개되었고 폐특법을 중심으로 일정한 결실도 거두었다. 그러나 애초 의도했던 자생력 있는 친환경 산업도시라는 결과와는 먼, 그리고 지역운동 역량마저 상당히 소진된 결과를 낳았다.

외국의 사례는 어떠했을까? 오스트레일리아 뉴사우스웨일즈 주 헌터계곡의 석탄화력발전소는 '정의로운 전환' 전략이 활발히 논의된 경우다. 이산화탄소 배출량이 많은 '더러운' 발전소로 지목된 이 발전소들 주변에는 석탄 채굴 산업이 활발하여 30%는 발전용으로 자체 소비되고 나머지는 외국으로 수출되고 있었다. 온실가스 감축 움직임에 따라 지역 주민들은 이 지역 석탄 의존 경제의 지속 가능성에 의문을 제기하게 되었고, 환경 단체와 일부 노동조합들이 녹색산업으로의 전환 필요성을 논의하기 시작했다. 이에 따라 오스트레일리아 그린피스의 지원하에 지역 대학과 산업 연구 조직의 공동 연구가 진행되었고, 그 결과는 헌터 지역 인근 6개 석탄발전소를 재생에너지 발전으로 전환하면 에너지 효율화와 연구 개발, 제조, 설치, 유지, 운송과 판매 등에서 안정적이고 양질인 일자리 증가가 일자리 감소보다 훨씬 많을 것이라는 내용이었다. 물론 이러한 전환이 실제 달성되기 위해서는 소득 보전과 일자리 훈련 등 큰 재정이 요구될 것이고 이를 위한 투쟁을 수반하게 될 것이지만, 능동적 대안의 모색이 현실화될 수 있음을 보여준다.

독일 노르트라인베스트팔렌 주의 졸페어라인광산과 코크스제조소 재생 사례도 시사적이다. 150년이 넘은 오래된 광산이 철광산업 불황으로 조업이 중단되자 1995년부터 주와 민간 회사들이 협력하여 광산 단지 전체를 근대 산업 유산 관광, 상업, 문화, 교육의 복합 체험 공간으로 재생시킨 것이다. 지역의 역사성과 사회적 구성을 무시한 채 추진된 한국 정부의 석탄산업 합리화 정책이나 맥락 없이 카지노라는 하나의 시설에 의존하게 만든 태백 정선 지역의 개발 계획과는 대비되는 사례다.

캐나다노총(CLC)이 정의한 '정의로운 전환'의 원칙은 보다 지속 가능한 생산수단과 그것을 지지하는 산업 부문으로 경제가 전환되어야 하며, 이 과정에서 기존의 생산 시설이 폐쇄될 경우 그 산업에 의존하던 노동자와 지역공동체에 공정한 대우가 있어야 함을 분명히 하고 있다. 태백과 정선에서 폐특법 운동이 벌어질 때 우리 사회에 이러한 원칙에 대한 인식과 공론화가 있었더라면 보다 차분한 공동의 설계가 가능했을 것이고 지역 탄광산업의 일방적 붕괴를 완화할 수 있었을 것이다. 그리고 지역운동과 노조운동, 환경운동 사이에 진작에 충분한 공감과 대화가 있었더라면 카지노가 아닌 보다 다양한 선택지를 두고 힘을 합쳐 갈 수 있었을 것이라는 아쉬움도 남는다. 그럼에도 태백과 정선에서 정의로운 전환의 맹아가 분명히 싹트고 있었음을 기억할 필요가 있다. 스스로 꽃의 정체를 충분히 알지 못한 채 꽃을 피우지 못한, 그러나 분투한 태백과 정선의 탄광 노동자와 가족, 주민의 역사가 주는 교훈이다.

선진 노동자 김말룡

여러 민주 열사가 잠들어 있는 경기도 마석 모란공원에는 문송면, 김봉환, 김기설, 그리고 김말룡의 무덤이 그들 사이의 생전과 사후의 인연을 말해 주듯 멀지 않은 거리에 모여 있다. 온도계 공장 입사 2개월 만에 수은중독으로 6개월간 투병하다 15세의 나이로 운명한 문송면은 한국 산업재해 투쟁의 상징적 존재다. 전신 발작으로 악화된 후에도 네 군데 병원을 전전하고서야 수은 및 유기용제 중독 진단을 받을 수 있었지만, 회사에 놀아난 노동부는 그의 산재 처리 승인을 기각했다. 이런 일이 언론에 알려지고 나서야 겨우 산재 지정 병원으로 갈 수 있었지만, 이틀 뒤인 1988년 7월 2일 문송면은 숨을 거두었고 한국 사회는 큰 충격을 받았다.

이러한 산업재해가 비단 문송면만의 일일 리가 없었다. 9시 뉴스에 직업병 사례가 보도된 것은 이 사건이 거의 처음

1988년 7월 17일 치러진 고 문송면 산업재해 노동자장
ⓒ경향신문사, 민주화운동기념사업회 제공

이었다고 하는데, 뉴스를 시청한 원진레이온 노동자들이 "여기도 직업병 환자들이 또 있다"며 투쟁에 나서게 되었던 것이다. 1977년 원진레이온 에 입사해 1983년 퇴사한 후 두통과 마비 증세에 시달리다 1989년 쓰러져 말을 더듬기 시작하면서 이황화탄소(CS_2) 중독을 비로소 인지하게 된 고(故) 김봉환의 직업병 인정 장례 투쟁이 1991년 137일간에 걸쳐 이어졌다. 원진 직업병 투쟁은 직업병이 인정된 노동자가 943명, 그 중 사망한 사람이 165명이나 되는 유례없는 산재 투쟁이었다.

고(故) 김기설은 1991년의 분신자살과 강기훈의 유서대필 누명 사건으로 아프게 기억된다. 1990년부터 전민련에서 일하던 그는 원진레이온 노동자들을 옆에서 도우며 사회 쟁점화하는데 힘썼고, 분신하기 일주일 전 원진노조를 방문하여 노동자들과 걱정을 나누었다고 한다. 진작에 노동자들의 버팀목이 되어 주면서 특히 1992년부터 국회의원으로 일하며 원진레이온 진상조사 활동을 이끌었던 이가 김말룡이니 이들이 모란공원에 모여 있는 것이 무척 자연스레 여겨지는 것이다.

모란공원의 인연

어쨌든 원진레이온은 피도 눈물도 없는 자본의 이윤 논리를 그대로 드러냈을 뿐 아니라 산업재해의 국제적 생산 사슬 문제까지 보여주었다. 인조견사를 만드는 원진레이온의 기계는 일본 동양레이온이 폐기 처분한 것을 1966년에 한국으로 들여온 것인데, 여기서 발생하는 유독한 이황화탄소는 이미 일본에서도 죽음을 부르는 물질이었다. 박정희가 일본과 수교를 맺으면서 그 대가로 이 설비를 들여온 것이라 하는데, 일본에서는 이타이이타이병이 속출하면서 그 원인으로 의심받아 더 이상 쓸 수 없게 된 기계들이었다. 1964년 일본의 직업병 판정기준에 따라 12개 레이온 공장에서 51명의 환자가 인정되었고, 그중 35명이 동양레이온 노동자였다고 하니 일본에서 폐처분한 살인 기계를 그대로 들여와 30년 동안 소리 없이 한국의 노동자들을 죽인 것이었다.

결국, 1993년 원진레이온은 폐업했다. 이 기계가 다시 중국으로 수출된다는 소식을 들은 한국의 노동인권 단체들이 격렬히 반대했지만, 중국의 단둥공장에 팔려 계속 가동되고 있다는 소식이다. 중국에서 얼마나 관리 감독을 철저히 하는지 알 수 없지만, 그 자체로 끔찍한 일이다. 만약 일본과 한국, 중국의 노동자들이 이 일을 알고 연대할 수 있었다면 이 살인 기계를 퇴출하는 국제적인 정의로운 전환을 이야기해 볼 수도 있었을 것이다. 그리고 국내에도 작업장 환경에 대한 노동자들의 개입과 통제가 가능했다면 삼성 반도체 공단에서 재발한 비극도 막을 수 있었을 것이다.

한국에서 정의로운 전환의 아버지인 토니 마조치와 비견할 사람이 있다면 단연 김말룡 전 의원이다. 세인의 기억 속에는 1993년 국회 노동위원회의 돈봉투 폭로 사건[8]으로만 남아 있겠지만, 김말룡은 한국 현대사에서 보기 드문 노동 운동가였다.

그는 1927년생으로 해방 직후 1945년 조선기계제작소 노조 선전부장으로 시작하여 대한노총 조직부장, 경북연합회 위원장으로 일하며 이승만 대통령과 대적했다. 1959년 대한노총의 부패상에 항거해 전국노총을 만들고, 뒤이어 1960년 한국노련을 결성해 초대의장을 맡았다. 군사 쿠데타로 집권한 박정희가 한국노련을 강제로 해산하고 한국노총을 만들어 그의 날개를 꺾었지만, 1974년 노동운동 일선에서 물러날 때까지 김말룡의 노조 민주화 투쟁은 계속되었다.

1978년 천주교 노동사목위원회를 설립하고 김수환 추기경의 도움으로 노동문제상담소를 열어 힘없는 노동자의 벗

---

8) 한국자동차보험 사장이 노동 탄압을 숨기기 위해 1993년 국정감사에서 위증을 하고 이를 무마하기 위해 국회 노동위원회 의원들에게 돈봉투와 과일 바구니를 돌린 사건이다. 국회에서 관행으로 치부되던 일이었지만, 김말룡 의원은 돈봉투를 돌려보내며 그 사실을 폭로했고 이는 정치권에 큰 파문을 일으켰다.

노동자의 벗 김말룡 전 의원
ⓒ민족민주열사희생자추모(기념)단체연대회의

으로 일하던 김말룡은 1992년 민주당 전국구 공천을 받아 국회의원이 되는데, 여기서 그의 짧은 의정활동은 빛을 발했다. 철도와 지하철 파업 지원, 한국통신 조합원 농성, 병역특례 해고자 조수원 씨 분신 사건 대응에 이르기까지 김말룡은 노동자의 입과 손발이 되어 뛰어다녔다.

돌이켜 보면 한국에는 민주노동당 단병호, 심상정 의원이 배출되기 이전에 노동자 의원 김말룡이 있었던 것이다. 1996년 봄 인천 계양갑구에 출마했다가 재선에 실패한 뒤 같은 해 10월 불의의 심장마비로 세상을 떠났지만, 사망 전날까지도 민주노총에서 노동법 개정 문제와 관련한 회의를 했다고 전해진다.

김말룡의 흔적들

김말룡은 노동자 의원으로서 특히 노동인권과 산업재해 예방, 법 제도 도입과 현장 투쟁으로 환경 보전을 실현하기 위해 많은 노력을 기울였다. 원진레이온 진상 조사 활동을 벌이며 작업환경 측정과 노동자 건강검진 시에 노조 대표나 노동자 대표가 참여하도록 제도화할 것을 촉구했고 산업재해보험법 개정을 추진했다.

강원도 탄광 지역 문제 조사와 지원, 해고자복직투쟁특

별위원회(전해투) 활동, 철도및지하철대책위원회 활동 등 가장 어려운 노동 현장에는 언제나 그가 있었다. 복수노조 설립, 공무원과 교원의 노동조합 결성권 보장, 제3자 개입금지 삭제, 노조 운영의 민주화 규정 등 노동조합법 개정 투쟁에 앞장선 것도 김말룡이었다.

쓰레기 매립 시설, 정수장 수질 관리, 골프장 건설 억제, 농촌 회생에 이르기까지 김말룡은 홀로 아무도 하지 않은 많은 일을 했다. 1992년부터 서울 명동의 가톨릭회관 앞 큰길가에 보이던 조그만 외국인노동자상담소 간판 역시 한국에서 거의 최초로 이주노동자 운동을 시작한 그의 흔적이었다.

김말룡은 애초 태생이 비주류 운동가였는지도 모른다. 그러나 그런 이유로 그는 주류 노조운동이 힘을 기울이지 않았던 운동들을 꿋꿋이 개척했다. 게다가 김말룡이 의정활동을 했던 시기에는 오히려 한국의 노동운동과 환경운동의 교감이 컸다. 그런 그의 활동이 제대로 된 기록조차 충분히 남아 있지 않고 운동으로 계승되지 못한 것은 안타까운 일이다. 생전에 김말룡이 보다 커다란 노동조합 운동과 보다 강력한 진보정당과 함께 활동할 기회를 가졌더라면 어땠을까 생각해 본다.

그래서 토니 마조치와 김말룡을 '선진 노동자'라고 부르고 싶다. 기후 에너지 위기와 금융 위기, 극단적 양극화와 불안의 21세기 초엽 한국은 더 많은 선진 노동자를 기다린다.

2부

핵 발전과 노동의 대안

핵 발전의 두 가지 대안,
에너지 전환과 새로운 적록연대

2011년 3월 11일 일본 동북부 지진과 쓰나미로 발발한 후쿠시마 핵 발전소 사태의 파장이 멈출 줄 모른다. '꺼지지 않는 불'이라는 말처럼 핵 발전소는 스위치를 내린다고 가동이 멈추지 않으며 핵분열과 이로 인한 방사능 유출이 스스로 계속되기 때문이다. 핵 발전용 원료와 격납 용기를 식히는 작업만도 언제 마무리될지 알 수 없는 가운데 냉각수로 투입되어 방사능에 오염된 해수와 담수, 방사능을 띤 수증기의 유출이 계속되고 있어 이 시점에서 상황을 정리해 말하기도 어렵다.

이 사고의 직접적 원인이 해저 지진인 탓에 천재(天災)라 할 수도 있겠으나, 주류 언론에서조차 그렇게 치부하는 경우는 드문 것 같다. 이제껏 세상에 없던 핵 발전 시설을 만든 것도 인간이었고 그것을 관리하는 것 역시 인간이기에 넓은 의미에서 그것은 인재(人災)일 수밖에 없기 때문이다. 원자력 업계는 곧잘 '100만분의 1', 즉 노심에서 설계상 사고가 날 확률이 극히 희박하다는 의미의 숫자를 거론하곤 하지만, 그것은 현실에서도 의미가 없음이 분명해졌다. 핵 발전의 상업 운전이 시작된 게 불과 50년이 넘었을 뿐이고 전 세계 핵 발전소가 440기 정도인데, 이번 후쿠시마의 4기까지 포함해서 그동안 거대한 사고만 쳐도 6기에서 발생했으니 통계적으로도 사고 확률이 최소한 1/100 이상이기 때문이다.

후쿠시마 사고의 필연

1987년 ≪위험한 이야기≫[9]를 펴낸 일본의 프리랜서 반핵 운동가 히로세 다카시 선생은 핵 발전 산업 관계자가 핵 발전소 사고는 '2만 년에 한 번' 일어날 정도로 안전하다고 자신하는 것을 비꼬아 당시 가동 중인 핵 발전소 200기로 나누면 10년에 한 번 사고가 일어나는 확률이라고 이야기했다. 그리고 그것은 현실이 되고 있다. 심지어 다카시 선생은 20년 전 자신의 책에서 "후쿠시마 현에는 자그마치 10기가 있죠. 여기서 해일이 일어나 해수가 멀리 빠져나가면 10기가

9) 히로세 다카시, ≪원전을 멈춰라≫(이음, 2011)로 재출간되었다.

함께 멜트다운(Meltdown)될지도 모릅니다. 그렇게 되면 일본 사람뿐만 아니라 전 세계를 말기적인 사태로 몰아넣는 엄청난 재해가 일어날 것입니다."라고 후쿠시마 사고를 정확히 예견하여 읽는 이들을 놀라게 한다.

물론 다카시 선생이 신심을 가지고 일본의 핵 발전을 주의 깊게 파고들었기에 가능한 예견이었지만, 핵 산업계의 계산에는 이렇듯 아직 경험하지 않아 계산에 들어가지 않은 위험 요소나 인간의 오만가지 실수가 모두 누락되어 있다.

가장 근본적인 문제는 핵 발전의 위험성이 핵 발전의 원리 자체로부터 온다는 것이다. 발전소 방식이 후쿠시마와 같은 비등경수로(BWR)인지 한국과 같은 가압경수로(PWR)인지, 한반도에 편서풍이 계속 부는지 가끔 동풍도 부는지, 쓰나미가 10m 높이로 오는지 15m 높이로 오는지 하는 이야기는 본질이 아니다. 핵분열을 원리로 하는 발전은 인간이 각종 첨단 장치와 안전 수칙을 가지고 조심스레 통제해야 할 만큼 엄청난 에너지를 발생시킨다는 점, 그리고 발전 과정과 발전 종료 후 폐기물 처리 과정에서 치명적인 방사능을 방출한다는 점은 변하지 않는 사실이기 때문이다.

이 때문에 초기 핵 발전 시장이 형성될 때까지 민간 발전사들은 수익성과 안전성 확보 부담으로 진입을 꺼렸고, 각국 정부는 막대한 투자와 정책적 지원을 시행했다. 그리고 지금까지도 어떤 핵 발전소를 어디에 어떻게 건설하고 운용할 것인가를 결정하는 것은 소수의 과학자, 정치인, 기업가의 손에 맡겨져 왔다. 일반인들은 너무 어려워 이해하지도 못할 것이고 알 필요도 없다는 것이 이들의 논리였다. 그리고 이들을 거드는 전문가들과 언론이 있다. 반핵 진영에서는 이러한 이들의 행태를 두고 '원자력 마피아', '원자력 카르텔'이라 부른다.

그러나 핵 발전소에서 일어나는 사고나 폐기물의 방사선에 피해를 입는 이들은 이 카르텔 외부에 있는 평범한 사람들이다. 1979년 미국의 스리마일아일랜드 핵 발전소 사고 때 대피한 수십만 명의 시민들과 피폭당한 노동자들, 1986년 체르노빌 사고 진압에 투입되었던 군인과 노동자들, 한국의 안면도, 굴업도, 위도에서 방폐장 건설 시도에 맞섰던 주민들 모두가 그렇다.

미국과 구소련, 한국의 정부들이 원래 유난히 관료적이고 독재적이어서 그랬던 것은 아니다. 핵 발전이라는 거대하고 위험한 기술은 그 바탕에 불투명성과 비민주성을 가질 수밖에 없는 탓이다. 핵 발전은 한 기가 최소 수십만 메가와트 이상 되는 막대한 출력을 가지며 핵분열 속도 조절이 어려워 일단 핵연료봉이 들어가면 출력을 바꾸기도 어렵다. 또한, 아무리 핵의 평화적 이용이라 이야기해도 우라늄과 플루토늄은 군사 무기와 연관될 수밖에 없다. 미국이 다른 나라의 핵 발전 개발을 지원해 온 것도 사용후핵연료를 자신들의 눈앞에서 투명하게 관리하는 것이 낫다는 판단 때문이었다. 이러한 복잡한 사정을 다룰 수 있는 것은 소수의 원자력 전문가들밖에 없다는 것이 사회의 '상식'이 되어 왔다.

민주주의를 억압하는 핵 발전

그래서 핵 발전 비중이 높은 나라들은 프랑스 정도를 예외로 한다면 권위주의적이고 비밀주의적인 정부인 경우가 유독 많다. 핵 발전소가 많고 사용후핵연료가 많이 발생할수록 이를 철저히 감시할 수 있는 사회체제와 정치제도가 필요하기 때문이다. 2003~04년 전라북도 부안을 그토록 들끓게 했던 부안 방폐장 유치 사태가 '참여 정부'를 표방한 노무현 정부 때 일어난 일임을 상기해 보자. 또한, 북한의 특수성을 감안하더라도 북한 역시 핵 개발을 시작한 이후 체제의 폐쇄성과 공격성이 더욱 강해졌다고 추론할 수 있다.

핵 발전이 갖는 비민주성은 공간적 불공정성도 낳는다. 현재 한국의 핵 발전 단지 소재지는 부산 고리, 월성, 울진, 영광의 네 곳이다. 이 단지들이 입지한 곳은 하나같이 냉각수를 얻기 쉽고 지질이 안정적이며 주민의 반발이 적은 격오지 바닷가들이다. 그러나 고출력의 핵 발전소가 생산하는 전기를 사용하는 곳은 수십 수백km 바깥의 인구와 산업 밀집 지역들이다. 서울의 경우 전력 자급률은 1.9%에 불과한데 경북은 189.4%, 충남은 333.9%에 이른다. 경북의 핵발전소와 충남의 화력발전소에서 생산된 전기가 고압송전선을 타고 수도권까지 오기 때문이다. 전력을 생산하는 곳과 소비하는 곳, 생산을 결정하는 이들과 생산과 소비를 담당하는 이들이 완전히 나뉘어 있다는 말이다.

이에 대해 전력을 많이 쓰는 수도권 주민들이 비난받아야 할 일만은 아니다. 현재 한국의 전력수급기본계획은 15년 단위로 작성된다. 왜냐하면, 핵 발전소 한 개를 건설하는데 드는 시간이 사전 조사와 건설, 시험 가동까지 포함해 10~15년이 걸리기 때문이다. 전문가와 정치인들이 15년 이후의 전력 수요와 핵 발전 비율을 결정하면 국민들은 그에 따라 전기를 쓸 수밖에 없다. 그리고 그만큼 전기 수요가 늘어났으므로 계속 핵 발전을 증설하게 된다.

한국에서 핵 발전 비율이 적절한지와 줄일 필요가 있는지는 각 지역의 주민들과 심지어 대부분의 정치인과도 무관한 문제였다. 이명박 정부가 2030년까지 핵 발전소를 10여 기 더 건설하여 한국의 핵 발전 비중을 59%까지 늘리겠다고 결정하는 과정에서도 국민의 참여는 전혀 없었고, 대부분의 국회의원조차 개입 기회를 얻지 못했다. 신규 핵 발전소 건설 예정 부지 선정에 신청서를 낸 삼척, 울진, 영덕의 주민들에게 그나마 주민 투표라는 참여 기회를 준다고 한다면 참으로

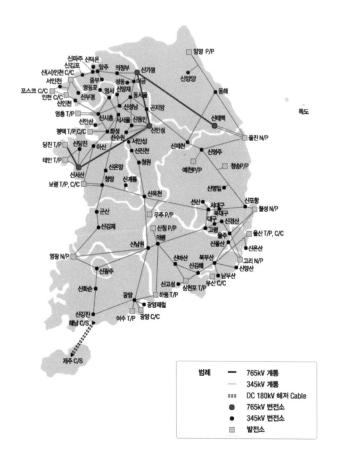

범례		
━━	765kV 계통	
───	345kV 계통	
:::::	DC 180kV 해저 Cable	
●	765kV 변전소	
●	345kV 변전소	
▢	발전소	

2011년 한국의 전력계통도. 밀양에 건설 중인 765kV 계통은 아직 나타나 있지 않다.
(출처: 전력거래소)

기만이 아닐 수 없다. 이러한 비민주적이고 불공정한 상황은 핵 발전이나 대규모 석탄화력발전과 같은 중앙 집중형 에너지 수급 시스템에서는 불가피하다.

이에 반해 지역 분산형 에너지 생산-공급 시스템은 민주주의와 친화적이다. 예를 들어 동네 학교와 집 지붕에 얹는 태양광 발전 패널, 중소형 풍력 터빈, 지열과 바이오가스, 하천 생태계를 훼손하지 않는 소수력발전들이다. 이는 거대하고 위험한 기술이 아니라 지역 주민이 충분히 이해하고 공동으로 생산하고 소비하는, 절약하는 방식까지 결정하고 시행할 수 있는 기술들이다. 에너지 효율상 유리할 뿐만 아니라 지역에서 지속 가능한 고용까지 창출할 수 있으며 다른 지역에 폐기물 처리장 같은 민폐를 끼치지도 않는 방식들이다. 에너지 수급 방식이 곧 민주성의 정도와 민주주의의 방식과 직결되는 것이다.

에너지 전환은 가능하다

후쿠시마 핵 발전소 사고 이후 한국에서 탈핵 논의가 활발해진 것은 다행이지만, 아직은 반핵 진영의 논리도 다소 원칙론이거나 당위적인 주장에 그치고 있는 느낌이다. 그러나 탈핵은 이제 막연한 이상이 아닌 구체적인 현실로 논의되어야 한다. 이는 결국 현재 한국의 총에너지 소비의 6%, 그리고 전체 발전량의 30% 정도를 차지하는 핵 발전의 비중을 어떻게 소화할 것이냐의 문제다.

물론 산업사회가 도래한 이래 이제껏 우리가 취해 온 자연 착취와 극히 낭비적인 삶의 양식을 되돌아보는 것이 우선이지만, 핵 발전 없는 녹색 사회로 전환하기 위해서는 대안의 틀이 필요하다. 탈핵 한국 사회를 상상하는 데 있어 가장 큰 반론은 수출과 소비 증가로 에너지 수요가 계속 늘고 있으니 핵 발전 증설이 불가피하지 않느냐는 것과, 핵 발전을 대체할 수 있는 에너지원이 당장 존재하느냐는 것이다.

둘 다 일정하게 부당한 전제를 깔고 있는 주장이지만, 핵 발전 비중을 중심으로 다른 접근을 제안할 수 있다. 요컨대 신규 핵 발전소 건설을 중단할 때 이에 해당하는 전력분은 에너지 수요관리와 효율화로 커버하고 노후 핵 발전소의 단계적 폐쇄로 발생할 전력 부족분은 재생에너지 비중 확대로 충당하는 시나리오다. 이 과정은 마땅히 한국 온실가스 배출의 유의미한 감축을 수반하는 것이어야 한다.[10]

핵 발전이 본질적으로 내재하는 위험성, 사회적 비용, 폐기물 처리 등의 중대한 문제를 잠시 논외로 하더라도 결국 우리의 논의는 두 가지 다른 전제로부터 출발한다. 우선 에

---

10) 이 절은 주로 김현우, 〈한국 사회의 탈핵 시나리오를 생각한다〉, 에너진포커스 27호 (에너지기후정책연구소, 2011. 5)를 요약한 것이다.

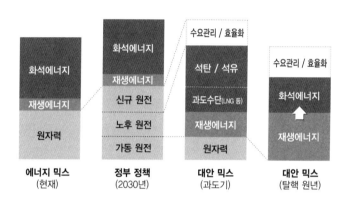

탈핵 에너지 전환 개념도
(출처: 김명진 외, ≪탈핵≫, 이매진, 2011, p.157)

너지 수요의 증대가 필연적이지 않으며, 재생에너지의 잠재력은 핵에너지를 대체할 만큼 크고 점진적으로 현실화될 수 있다는 것이다.

우선 에너지 수요 추계부터 다시 잡아야 한다. 아래 그림은 주요 OECD 국가들의 1인당 GDP와 1인당 에너지 소비량을 비교한 것이다. 미국을 제외한 대부분의 OECD 국가들은 소득이 증가해도 에너지 소비가 그다지 증가하지 않거나 오히려 낮아지는 경향을 보인다. 국민소득 1만~1만5천 달러 즈음에서 이른바 '소득과 에너지 소비의 탈동조화(Decoupling)'가 일어나고 있는 것이다. 예전에는 경제성장을 위해 에너지 소비가 그만큼 늘어나는 것이 상식이었지만, 1973년 석유파동을 겪으면서 대다수 선진국은 에너지 다이어트의 필요성을 절감하여 에너지 체제의 체질 개선을 시도하게 되었다. 또한, 경제가 일정 단계 이상 성장하면 에너지 효율화 기술도 발전하고 단순 요소 투입 위주의 성장을 지양하기 때문이기도 하다. 그러나 1인당 국민소득이 2만 달러를 넘어서고 있는 한국에서 이러한 분리 경향은 5차 전력수급기본계획을 포함한 정부의 에너지 정책에서 전혀 고려되지 않고 있다.

이러한 분리 경향을 현실로 만들기 위해서는 수요관리를 통해 전력 소비를 억제하는 것이 핵심적 과제다. 그러나 현행 수요관리 정책은 공급 안정성을 해치지 않는 수준의 위기

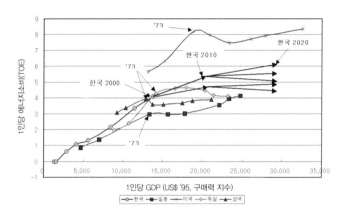

1인당 국민소득과 에너지 소비 비교
(출처: 윤순진, 〈전력 정책의 쟁점〉, 2004년 발표문)

관리 수단 정도로 활용된 것이다.

한편, 핵 발전에서 만들어지는 전력을 재생에너지로 대체하는 것은 가능한 일일까? 충분히 가능하지만 실행하고 있지 않다는 것이 단순한 사실이다. 에너지관리공단 신재생에너지센터에 따르면 국내 재생 가능 에너지의 기술적 잠재량은 2008년도 1차 에너지 소비량인 2억4천75만2천TOE의 7.3배에 이른다. 그러나 지금 한국의 재생에너지 생산량은 기술적 잠재량의 0.09%인 154만3천TOE에 불과하다. 5차전력수급기본계획에서 신재생에너지 비율을 대폭 늘렸다고는 하지만, 2024년에도 전체 전력 생산의 8.9%를 차지하는 정도다.

이제까지 재생에너지 보급에 대한 의욕적인 투자가 매우 부진했던 것은 수요 추세 예측(BAU)에 근거한 경제적인 에너지 공급을 주된 정책 기조로 삼았기 때문이다. 그리고 기존에 투자된 설비 활용과 현시점에서의 에너지 생산 단가가 판단의 중심이 되어 왔다. 이렇게 되면 이제까지 많은 투자와 정부 지원이 이루어졌을 뿐 아니라 폐로와 폐기물 처리 비용이 먼 미래의 것으로 치부되어 단가 산정에는 제대로 반영되지도 않는, 그리고 기저부하를 담당하는 탓에 가동률마저 높은 핵에너지가 저렴하고 유리한 수단으로 나타나는 것은 당연하다. 특히 핵 발전 중심의 에너지원 구성은 강한 경로 의존성을 갖기 때문에 다른 에너지원 개발을 그만큼 더욱 후순

위로 밀리게 만들어 왔다.

최근 박년배 교수가 발표한 논문에 따르면 한국에서 2050년까지 원자력과 석탄, 액화천연가스 등의 전력 설비 비중을 각각 3.4%, 0%, 3.5%로 대폭 줄이고 재생 가능 에너지 전력 설비 비중을 93.0%로 높인 '지속 가능 사회 시나리오'대로 전력 수급 계획을 짤 경우 누적 비용이 667조 원 정도 드는 것으로 나타났다. 반면 2050년까지 '원자력 38.7%, 석탄 19.1%, 천연가스 11.3%, 재생 가능 에너지 30.8%'의 전력 설비 비율로 '정부 정책 시나리오'를 짜면 지속 가능 사회 시나리오의 90% 수준인 605조 원 정도가 드는 것으로 분석됐다. 기준 시나리오의 누적 비용은 554조 원이다. 요컨대 지속 가능 사회 시나리오를 따르더라도 드는 비용은 기준 시나리오나 정부 정책 시나리오 대비 약 1.2배 정도이므로, 한국의 경제 수준을 감안하면 충분히 감당할 수 있을 뿐 아니라 온실가스 감축도 이룰 수 있다는 것이다. 탈핵을 위한 우리의 선택지가 훨씬 구체화되는 셈이다.

재생에너지 확충에는 해결해야 할 문제가 여전히 많다. 시간대별, 계절별 발전량의 차이를 극복하기 위해 그리드와 저장 설비가 개발되어야 하고 당분간 존재하는 단가 차이를 극복하기 위한 국가 지원도 필수적이다. 그것은 이제까지 핵 발전에 막대하게 이루어졌던 투자와 사회적 지원의 저울추를 재생에너지 쪽으로 돌리는 것으로 시작된다.

탈핵과 정의로운 전환

　탈핵은 과정과 결과도 정의롭고 공평해야 한다. 핵 발전 중단이 정책적으로 결정된다 하더라도 당장 핵 발전소 운영과 관리가 불필요해지거나 관련 기술과 수요가 완전히 사라지는 것은 아니다. 다른 발전과 제조업 등 에너지 집약형 산업들도 마찬가지다. 그러나 이 과정과 결과의 결정, 그리고 거기까지 도달하는 데 있어 정보의 공개와 참여는 충분히 보장되어야 한다. 또한, 직간접적으로 에너지 산업에 종사하는 노동자들과 가족들의 피해를 최소화해야 하고 발생하는 부담을 국가와 사회가 같이 짊어져야만 한다.

　이미 국제노총(ITUC) 등 세계의 노동조합 운동은 기후변화와 에너지 위기 및 산업과 고용의 변동에 대해 '정의로운 전환'의 원칙으로 대응할 것을 제안하고 있다. 요컨대 기본적으로 '건강한 생태계'를 바탕으로 한 녹색경제로의 전환 과정에서 고용 불안이 발생한다면 이를 제거하고 노동자 및 지역사회의 이익과 노동기간의 손실 없이 고용이 유지되도록 한다. 이러한 목적으로 프로그램을 작성하고 필요한 기금을 조성한다는 것이다.

　재생에너지가 화석연료나 핵산업보다 잠재적인 고용 창출 능력이 더욱 큰 것은 여러 연구에서 증명되고 있다. 게다가 재생에너지는 소규모 분산적으로 이루어지는 성격 덕분에 지역에 밀착하여 지속적으로 창출되는 일자리가 다수다. 여기에는 태양광, 풍력발전뿐 아니라 주택 에너지 효율화나 환경 관리 같은 다양한 녹색 일자리까지 포함된다.

그러나 낙관적인 일자리 전망과 전환 프로그램을 제시한다고 해서 노동자들이 그대로 따라온다는 보장은 없다. 전환을 선도하는 주체가 정부가 되든 시민사회가 되든 거기에 신뢰를 보내기 어려울 뿐만 아니라 자신의 현 직무와 생계 유지가 더 우선적인 관심일 터이기 때문이다.

예를 들어 2006년 한국노동사회연구소가 수행한 '한국 수력원자력노동조합 조합원 의식조사' 결과는 한국 핵 발전 종사자들이 가진 생각의 일단을 보여준다.[11] 이 조사에서 환경운동 진영과 원자력산업 사이의 관계에 대한 의견은 근본적으로 대립적이라 보는 비율이 압도적(67.1%)이지만, 그러한 갈등 중 상당 부분은 관점과 정보의 차이에서 비롯된 것으로 대화를 통해 이견을 좁힐 수 있다는 의견이 절반 이상(59.1%)을 차지한다.

향후 한국의 에너지 정책이 가져야 할 방향에 대해서는 원자력, 화력 중심의 기존 체제를 유지해야 한다는 의견이 도합 76.2%로 나타났다. 반면 대체에너지의 비중을 늘려야 한다는 의견도 80.2%에 달했다. 두 개의 결과는 일견 모순되

---

11) 이 조사는 수력발전 종사자 5.2%를 포함하고 있으나 응답자의 95% 가량이 원자력 종사자들이므로 핵 발전 산업 정규직 노동자들의 의식조사로 보아도 무방하다.

환경운동과 원자력산업 사이의 관계에 대한 의견

	정말 그렇다	그런 편이다	그렇지 않은 편	전혀 아니다	모르겠다	합계
환경운동과 원자력산업은 근본적으로 적대적이다	14.2	52.9	24.6	5.1	3.2	100.0
환경운동과 원자력산업 사이의 이견은 대화로 좁힐 수 있다	12.1	46.6	30.2	8.4	2.7	100.0

한국의 에너지 정책이 가져야 할 방향에 대한 의견

	적극 찬성	찬성하는 편	반대하는 편	적극 반대	모르겠다	합계
원자력, 화력 중심 정책을 유지해야 한다	20.9	55.3	17.4	1.7	4.7	100.0
대체에너지 비중을 많이 늘려야 한다	20.8	59.4	11.9	3.6	4.3	100.0

출처: 한국노동사회연구소,
〈한국수력원자력노동조합 조합원 의식조사 및 정책 수립을 위한 조사 연구〉,
2006. 7.

는 것으로 보이지만, 조합원 다수가 중·단기적으로는 원자력과 화력을 대체할 에너지원을 발굴하기 어렵다는 현실론과 장기적으로는 대체에너지를 개발하여 다변화해야 한다는 이상론을 모두 수용하고 있는 것으로 해석 가능할 것이다.

이는 핵 발전의 안전성에 대한 의견에서도 뒷받침된다. 한국수력원자력노동조합 조합원 대다수의 생각은 핵 발전이 기술적으로 안전하다는 것이 압도적이다. 이 때문에 앞으로의 한국 원자력산업도 낙관적으로 보고 있다. 한국 원자력산업의 전망에 대해서 더욱 성장할 것(55.6%)이거나 큰 변화가 없을 것(32.2%)이라는 응답을 합하여 과반수가 긍정적 전망을 하고 있으며, 점차 입지가 축소될 것이라는 응답은 11.7%에 불과했다.

빠른 시일 안에 원자력산업 축소가 이루어질 가능성이 희박함에도 이를 가정한 고용 변화 전망에 대한 질문에 조합원들은 민감하게 반응하는 편이었다. '다소 고용 위축과 불안이

원자력 발전의 안전성에 대한 의견

	절대 안전하다	안전한 편이다	보통이다	위험한 편이다	매우 위험하다	합계
안전성 정도	27.2	60.6	9.9	1.6	0.7	100.0

출처: 한국노동사회연구소,
〈한국수력원자력노동조합 조합원 의식조사 및 정책 수립을 위한 조사 연구〉,
2006. 7.

원자력산업 축소에 따른 고용 변화 전망에 대한 인식

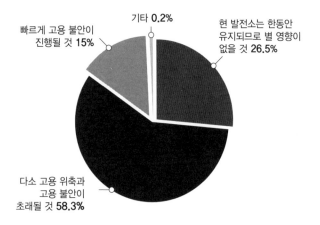

기타 0.2%

빠르게 고용 불안이
진행될 것 15%

현 발전소는 한동안
유지되므로 별 영향이
없을 것 26.5%

다소 고용 위축과
고용 불안이
초래될 것 58.3%

출처: 한국노동사회연구소,
〈한국수력원자력노동조합 조합원 의식조사 및 정책 수립을 위한 조사 연구〉,
2006. 7.

초래될 것'이라는 예상이 58.3%, '빠르게 고용 불안이 초래될 것'이라는 응답이 15.0%인 반면, '현 발전소는 유지되므로 별다른 영향이 없을 것'이라는 답변은 26.5%였다.

사회적으로 탈핵 여론을 형성하기조차 아직 쉽지 않은 길인데, 핵산업 종사자들의 의견을 바꾸는 일은 더욱 어려울 것임을 보여준다. 최근의 반핵운동과 탈핵 프로그램 모색이 단지 핵 발전 중단뿐만 아니라 노동과 생태 사이의 간극을 해소하는 새로운 주체와 운동 형성으로 나아갈 수는 없을지에 대한 고민이 필요하다.

새로운 적록연대를 생각하자

돌이켜 보면 한국의 노동운동은 환경운동, 혹은 생태적 이슈를 결코 외면하거나 소홀히 하지 않았다. 한국의 환경운동과 노동운동 모두 한국 자본주의의 발전 과정에서 태동하여 민주화 투쟁의 거대한 흐름에 각각 한 몫을 담당했고, 그 성과에 힘입어 성장했으며 운동의 구성 인자도 상당 부분 겹쳐 왔다.

1980년대 초 산업화의 그늘과 폐해를 지적하는 환경운동의 목소리는 노동자들의 권리 주장과 마찬가지로 정권에 의해 불법행위로 간주되었고, 그 결과 공해 추방 운동은 반

정부 운동이라며 탄압을 받았다. 하지만 한국 자본주의가 빠르게 성장하면서 시민사회 형성을 위한 토양도 성숙해 갔다. 시민들은 민주주의와 기본권 말고도 삶의 질에 관심을 갖게 되었다. 밀도가 높고 자원이 부족하여 환경 수용력이 작은 한국에서 살다 보니 삶의 질에 대한 관심은 곧바로 환경운동에 대한 관심과 참여로 이어졌다. 결국, 1987년 이후 노동운동이 사회운동의 주력이 됨과 동시에 시민운동이 등장했고 그중 환경운동의 성장과 발전이 가장 두드러졌다.

1988년 7월 2일 문송면이 15세의 나이로 숨진 것은 산재 추방 운동의 한 계기가 되었다. 서울 양평동의 온도계 공장에서 일하다 두 달 만에 수은중독으로 고통에 몸부림치다 숨진 그의 비극은 사회적으로 큰 반향을 불렀다. 그는 죽기 사흘 전에야 산재 인정을 받았다. 그로부터 20일 후에는 정부 기업이던 원진레이온에서 이황화탄소 중독으로 수백 명이 직업병에 걸린 일이 알려졌다.

공장이 폐쇄되기까지 사망한 노동자가 15명, 이후 투병 생활을 하다 죽은 노동자들까지 합하면 총 97명이 목숨을 잃었다. 이들이 직업병을 인정받고 제대로 된 치료를 받기까지 10년이 걸렸다. 원진레이온 출신 노동자 800명이 회사 매각 당시 받은 보상금 중 절반을 모아 세운 직업병 전문 병원이 원진녹색병원이다. 이러한 사건들을 통해 노동운동은 환경문제의 중요성을 인지하고 산안 보건 활동을 강화하게 되었고, 환경운동도 공장이 유발하는 오염뿐만 아니라 노동자들의 건강에도 관심을 갖게 되었다. 하지만 지금도 삼성전자 반도체 공장 노동자들의 백혈병 집단 발병 사망 사건과 한국타이어 노동자 집단 돌연사 사건, 석면 피해 사례들이 이어지고 있는 것이 한국의 현실이다.

그러나 환경운동과 노동운동은 관심사와 접근 방식이 달랐고 직접적인 왕래와 연대가 점차 줄었다는 점도 주목해야 한다. 이런 차이는 환경운동이 공해 피해자 중심의 계급적 공해 추방 운동에서 인간과 자연의 조화를 추구하는 탈계급적 시민운동으로 변화하면서 더욱 뚜렷해졌다. 태동 당시부터 생산력주의에 비판적이었던 환경운동은 노동운동이 부의 재분배에만 관심을 둘 뿐 대량생산-대량소비-대량폐기 체계의 반생태적 성격에는 관심이 적다고 여긴 반면, 노동운동은 빠르게 성장한 환경운동이 환경 파괴에 내재한 계급적이고 구조적인 불평등을 무시함으로써 계급 모순을 희석하고 체제 유지적인 보수성을 지니게 되었다고 보았다. 실제로 환경운동과 노동운동은 새만금, 김포매립지, 대전 원자력시설 안전성 문제 등에서 대립하기도 했다. 기업의 사업 수주와 프로젝트 지속에 이해관계를 같이하는 개별 노동조합의 입장이 상급노조나 시민사회의 입장과 충돌했던 것이다.

그럼에도 불구하고 21세기에도 노동운동과 환경운동의 연대는 끊이지 않았다. 특히 신자유주의 체제가 전면화되면서 시장화의 위협에 맞서 '사회 공공성'이라는 가치를 매개로 한 노동-환경 연대가 발전했다.

2000년대에 들어서 공공 부문, 특히 발전산업과 가스산업에 대한 정부의 민영화 계획에 대항해 투쟁하면서 노동조합은 환경 단체를 포함한 시민사회 단체들과 협력을 확대·강화할 필요를 느꼈고, 이에 따라 2005년 '에너지노동사회 네트워크'가 출범하게 되었다. 이후 에너지산업의 사유화 반대와 지속 가능한 에너지 체제로의 전환을 위한 활동이 꾸준히 이어졌다.

2007년에는 전국철도노조와 운수연대, 궤도연대, 교통연대, 민중연대, 환경운동연합 등이 정부의 철도산업 구조조정에 맞서 시민의 안전과 공공성 등을 화두로 '철도·지하철 안전과 공공성 강화를 위한 시민사회노동 네트워크'를 창립했다. 네트워크는 대중교통 요금 문제부터 역사 민간 위탁과 상업 시설 도입, 분진·석면 등 지하 환경, 장애인·노약자 등 교통 약자 문제 등을 의제로 잡았다.

이러한 공동 활동 경험은 최근 진척을 보이는 기후변화 대응 공동기구(기후정의연대)로 이어지는 토대가 되었다. 최근 몇 년간 UN 기후변화협약 당사국총회에 대응하기 위해 환경 단체와 노동조합들이 공동 참가단으로 결합하는 한편 기후변화가 일자리에 미치는 영향에 대한 연구를 진행해 왔다.

그러나 여전히 한국의 노동운동이 환경문제에 거시적인

조망을 가지고 수미일관하게 대응한다고 평가하기는 어렵다. 불안정 고용과 지역사회의 황폐화 같은 더욱 다변화된 문제를 포함하여 대안을 강구하는 데까지 나아가지도 못하고 있다. 고용과 환경 이슈가 첨예하게 대립할 경우 이를 지혜롭게 소화할 정책 담론과 사회적 논의 틀도 부재한 형편이다.

하지만 한국 사회의 탈핵 전환은 에너지 체제의 전환이자 탈핵을 지혜롭게 소화해 내도록 집단적 주체, 즉 에너지를 생산하고 소비하는 존재의 전환이기도 할 것이다. 자본과 정부에 의해 탄압받는 노동자와 시민 사이의 단순한 연대를 넘어 반자본주의적 생태 사회를 함께 만들어 내는 연대의 주체가 되는 방법을 찾아야 한다. 생산 따로, 투쟁 따로, 연대 따로의 운동이 아니라 무엇을 어떻게 생산하고 소비할 것인가를 함께 결정하는 대중운동이 가능하다면, 다른 기술적인 문제는 그러한 동력과 집단적 지혜를 가지고 함께 풀어 가면 될 것이기 때문이다. 후쿠시마 사고로 촉발된 탈핵 논의가 앞으로는 새로운 적록연대에 대한 모색으로 나아가기를 바라는 마음이다.

| 참고문헌 |

김수진 외, 《기후변화의 유혹, 원자력》, 도요새, 2011.

김승택, 〈녹색성장이 노동시장에 미치는 효과〉, 녹색성장과 녹색 일자리 전환 전략의 모색 토론회 자료집, 2009. 7.

박년배, 〈발전 부문 재생 가능 에너지 전환을 위한 장기 시나리오 분석〉, 서울대학교 환경대학원 박사논문, 2011. 2.

윤순진, 〈전력 정책의 쟁점〉, 2004.

존 번 외, 《에너지 혁명: 21세기 한국의 에너지 환경 전략》, 매일경제신문사, 2004.

한국노동사회연구소, 〈한국수력원자력노동조합 조합원 의식조사 및 정책 수립을 위한 조사 연구〉, 2006. 7.

히로세 다카시, 《원전을 멈춰라》, 이음, 2011.

실크우드 사건

　2011년 3월 11일 일본 동북부 대지진에 이은 후쿠시마 핵 발전소 사고는 여전히 진행 중이다. 언제 수습이 끝날지 일본 정부나 관할사인 도쿄전력도 장담하지 못하고 있다. 수습이란 결국 노심을 충분히 냉각시키고 핵연료를 분리시키거나 현 위치에서 안정화시키며 시설과 잔해에서 발생하는 방사능 유출을 최소화하여 관리하는 일련의 작업을 의미할 텐데 그것에 몇십 년이 걸릴지 알기 어렵다는 뜻이다.

　핵 발전의 원리가 원자핵을 연속적으로 쪼개는 핵폭탄과 동일한 까닭에 한번 반응이 시작된 핵 발전소는 엄청난 에너지를 발생시키고 쉽게 멈춰 세우기도 어렵다. 이 때문에 핵 발전은 다른 모든 발전 방식보다 거대한 기술이며 필연적으로 절멸의 위험이 따른다. 한번 사고가 터지면 교통사고나 다리 붕괴에 비할 바 없는 지속적이고 보편적인 피해가 발생한다. 이른바 핵 발전 전문가들은 '100만분의 1'이라는 확률을 즐겨 인용한다. 핵 발전소에서 사고가 날 확률이 벼락 맞아 죽을 확률보다 낮으니 걱정하지 말라는 것이다.

그런데 이 수치는 노심이 설계상 사고를 일으킬 확률이다. 그들의 말을 그대로 믿더라도 이 확률은 설계대로 제대로 시공이 되었을 때, 발전소를 구성하는 수십만 개의 부품이 제대로 작동했을 때, 각종 장치가 정확하게 움직이고 종사자들이 착오 없이 운용했을 때, 지진이나 쓰나미 같은 설계 허용 범위를 넘어서는 자연재해가 없었을 때, 그리고 테러나 전쟁 같은 외부 변수가 없었을 때 비로소 성립하는 수치다.

이러한 경우가 모두 맞아떨어지는 게 오히려 어려운 것은 당연하다. 그래서 현실은 핵 발전이 상업적으로 시작된 지 60년이 안 되어 노심용해(Meltdown)에 이르고 인명이 상한 큰 사고만 해도 3회 이상, 후쿠시마의 4기를 포함하여 6기 이상이라는 전혀 다른 수치를 알려준다. 십 년에 한 번씩은 큰 사고가 일어나는 것이 현실의 확률이다.

벼락 맞아 죽을 확률보다 낮다?

인기 애니메이션 〈심슨 가족〉의 배경이 되는 마을인 스프링필드에는 한가운데에 커다란 핵 발전소가 있고 주인공 심슨도 핵 발전소의 안전 관리 노동자다. 극 중 적지 않은 에피소드가 핵 발전소 사고와 관련되어 있는데, 이는 핵 물질의 관리가 엉성하게 이루어지거나 이를 은폐하기 위한 뇌물 제공과 비리, 기형 물고기의 출현과 정치적 해결 시도 같은 장면들이다.

여기서 노동자 심슨이 게으르다는 점은 핵심이 아니다. 거대 위험 기술인 핵 발전이 유발하는 장면들을 압축적으로 보여주기 때문이다. 그래서 핵 발전을 단지 기술의 문제로 보지 않고 여기에 관계된 사람들을 포함하여 보면 무서움이 더해진다.

핵 발전은 그 본성상 누군가의 성장과 편리를 위해 취약 지역과 집단의 희생을 전제하기 때문이다. 이는 계급과 불평등의 문제를 수반한다. 고압 송전탑 건설 강행에 항의하며 밀양에서 분신한 70대 농민의 비극은 건설 중인 신고리 3·4호기의 전기를 북경남까지 끌어오기 위한 계획 아래서 발생한 일이었다. 삼척과 영덕의 신규 핵 발전소 부지나 경주 방폐장도 해당 지역 주민들의 의사나 이해와 전혀 무관하게 추진되었다.

후쿠시마 사고 수습을 위한 노동자 투입도 실제 야쿠자가 일용 노동자들을 모집하여 많게는 8단계의 하청을 통해 고용한 것임이 밝혀지기도 했다. 이러한 다단계 하청 구조

후쿠시마 원전의 핵연료 이동 전 저장 수조 현장(2013.11.7)
ⓒ연합뉴스, Tomohiro Ohsumi, Pool/AP 제공

속에서 십분의 일밖에 안 되는 급여를 받으면서 안전 장구도 제대로 보급받지 못하고 있다니 야만적인 착취 현장이 아닐 수 없다.

야쿠자가 개입하는 핵 발전

핵 발전은 알려진 것과 달리 경제적이지도 않고 기후변화 대안도 되지 못한다는 것이 공공연한 진실이다. 이미 2006년 이후 세계적으로 건설 단가가 다른 발전원보다 비싼 것으로 나타났고 여기에 폐기물 처리와 사고 대응 비용, 기타 사회적 갈등 비용을 더하면 핵 발전의 경제성은 형편없다.

반면 재생에너지의 설비용량과 종사자 수의 추세는 크게 상승하고 있다. 우라늄 채굴과 정련, 농축, 사후 처리에 다량의 화석에너지가 이용될 뿐 아니라, 이용 가능한 우라늄의 매장량도 몇십 년 분에 불과함을 생각하면 핵에너지야말로 대안이 아님이 분명해진다.

핵에너지와 에너지 다소비 산업이 중장기적으로 지속 가능하지 않다고 할 때 종종 언급되는 대안이 '정의로운 전환'이다. 에너지산업에서라면 핵에너지와 화석에너지 산업 종사자들을 재생에너지와 에너지 효율화 부문으로 전환하면서 여기에 필요한 기금과 직무 확보, 직업훈련을 관련 기업과 사회적 합의 속에서 해결한다는 것이다. 환경도 보전하면서 더 건강하고 많은 일자리를 만들 수 있다면 일석이조가 아닐 수 없다. 하지만 실제로 이러한 그림이 실현되기란 어려운 조건이 너무도 많다. 노사, 노정 간의 뿌리 깊은 불신이 문제거니와 노동자 내부의 동의 확보도 간단한 문제가 아니기 때문이다.

1983년 마이크 니콜스 감독에 의해 영화화된 〈실크우드〉는 환경과 일자리 사이에서 갈등하는 노동자와 노동조합의 일단을 엿보게 한다. 메릴 스트립이 열연한 실존 인물 캐런 실크우드는 오클라호마 크레센트의 커맥기(Kerr-McGee) 플루토늄 원료 공장의 노동자였다. 1974년에 회사는 노동조합을 파괴하려 해산 투표를 추진했고 대의원이 된 실크우드는 상급단체와 협력해 이에 대항했다. 이 와중에 방사능 위험 은폐와 피폭 의혹이 불거지고 이를 이슈로 제기한 노동조합은 성공적으로 노조를 방어하게 된다.

그러나 투표가 끝난 후에도 계속 문제를 파헤치는 실크우드에게 동료 노동자들은 등을 돌리기 시작했다. 그렇게 계속 의혹을 제기하면 공장이 문을 닫게 되고 그들의 일자리도 위험해질 것이라는 주장이었다. 회사 측이 숨겨 둔 방사성 물질에 피폭당한 실크우드는 아무런 도움도 받지 못하고 고립된 채 마지막으로 유력 언론사에 제보하려 하지만 의문의 교통사고로 죽고 만다.

핵연료 공장 노동자의 실화를 다룬 마이크 니콜스 감독의 〈실크우드〉
ⓒ20th Century Fox Film Corporation

그런데 이 실크우드를 도운 것이 바로 토니 마조치였다. 마조치는 석면 투쟁으로 바쁜 와중에도 실크우드와 동료 조합원들의 이야기를 청취하고 핵연료 공장의 위험성을 알리면서 대응 방향을 논의했다. 그러니까 영화에서 상급단체 정책 담당자로 나오는 이가 마조치의 역할인 셈이다. 영화 마지막 부분에 '어메이징 그레이스'가 흘러나오며 눈물 흘리는 실크우드의 동료가 등장하는데, 이는 그녀가 실크우드 죽음의 배후를 알고 있었음을 암시한다.

마조치가 이 죽음의 진상을 밝히기 위해 누구보다 앞장서서 백방으로 노력했고 미국 사회운동도 재조사를 요구하며 들끓었지만, 법무부 장관은 다른 증거를 찾을 수 없다며 1975년 조사 종결을 발표했다. 마조치 역시 여론 악화로 일자리를 잃을 것을 우려한 커맥기 조합원들의 압력 때문에 진상 규명 활동을 중단할 수밖에 없었다. 결국 커맥기 공장도 폐쇄되었고, 4년 후인 1979년 3월에는 미국에서 가장 큰 핵발전소 사고로 꼽히는 스리마일아일랜드 사고가 일어났다. 이 일련의 사건 사고가 미국 반핵운동의 기폭제로 작용했음은 물론이다.

실크우드는 한 극단적인 사례로 볼 수 있겠지만, 일자리 보장과 작업장의 성격, 노동자들 사이의 이해와 인식, 노동조합의 역할이라는 복잡하게 연결된 생각 거리를 던져 준다. 다만, 이는 혼자서, 공장이나 업종을 따로 떼어서, 노동자의 이해관계만 가지고는 해결할 수 없다는 점이 분명하다.

노동자와 송전탑

　2013년 전국노동자대회가 열린 서울시청 앞, 쌀쌀해진 날씨에도 많은 사람이 모였지만 '노동자'가 아닌 이들도 적지 않았다. 그중에는 밀양 초고압 송전탑 건설 반대를 외치는 이들도 있었다. 밀양에서 올라온 할매가 사전 행사에서 마이크를 잡기도 했거니와 참가자들은 유인물을 받아 보며 밀양 문제에 큰 관심을 보였다.

　금속노조 쌍용차지부 노동자들이 밀양 부스에 들어와 배지 판매와 탈핵희망버스 참가를 적극 홍보하는 모습도 보였다. 이미 2013년 7월 영남권 건설 노동자들이 밀양 송전탑 공사 협조 거부 의사를 밝힌 바도 있고, 밀양에 가까운 울산, 부산, 경남 등 민주노총 지역본부에서는 여건이 허락하는 대로 현장에 직접 결합하여 돕고 있는 터다. 더군다나 노동자대회에 함께했던 노동자 중 일부는 밀양 할매, 할배들과 벌써 구면이었고 '송전탑'이라는 인연 혹은 악연으로 엮인 사연이 있었다.

2012년 가을부터 2013년 여름에 걸쳐 울산과 평택에서 노동자들이 앞다투어 송전탑에 올라 장기 고공 농성을 펼쳤다. 쌍용자동차 먹튀와 정리해고에 항의하는 쌍용차지부 노동자들과 현대자동차 비정규직의 정규직 전환을 정당하게 요구하는 비정규직지회 노동자들이 각각 공장이 건너다보이는 우뚝한 송전탑에라도 오르게 되었던 것이다.

고공의 혹독한 날씨와 각종 생리적 고충 외에도 고압 송전탑의 전자파도 이들을 힘들게 했다. 울산은 농성이 시작되자 다른 송전선로로 전력을 우회시켰지만, 평택의 송전탑에는 고압 전류가 계속 흘렀다.

2013년 1월 중순 '희망의 순례' 버스를 타고 평택을 찾은 밀양 할매들은 대번에 그것이 154kV 송전탑인 줄 알아보았다. 밀양에 건설되고 있는 765kV 송전탑은 그것보다 두 배 이상 높고 흐르는 전력량도 18배나 되지만, 15만4천 볼트도 고압인 것은 분명했다. 그리고 바로 그 아래에서 노동자들이 171일간 먹고 자야 했으니 건강 걱정이 안 될 수가 없었다.

송전탑의 전자파(전자계)가 인체에 별 영향이 없다거나 악영향이 밝혀지지 않았다는 전문가들이 아직도 있지만, 이 노동자들은 불가피하게 생체 실험을 하게 된 꼴이었다. 평택 송전탑에 올랐던 노동자들은 삼겹살 굽는 것처럼 지글거리

평택 쌍용자동차 공장 앞 송전탑에서 농성 중인 노동자들
ⓒ연대(http://blog.daum.net/kpt004/15713879)

는 소리 때문에 잠을 이루기 힘들었고 귀가 울려 들리지 않는 현상이 생겼으며 기운이 빠지는 느낌을 경험했다고 한다. 안개가 끼거나 부슬비가 내릴 때면 불꽃이 튀어 소음과 감전의 공포감이 더 심해졌다. 송전탑 농성에서 내려온 복기성 쌍용차비정규직지회 수석부지회장은 두 주간 입원하고도 또 두 달을 요양해야 했다.

투쟁에서 잠시 한숨 돌리고 있던 밀양 어르신들은 이런 노동자들의 사정이 남의 일이 아니었다. 희망의 순례 버스는 부산 한진중공업 앞과 평택 송전탑, 아산 유성기업, 서울 한전 본사 앞, 그리고 대한문 앞의 '함께 살자' 농성촌을 이어 들렀다. 어르신들도 이겨내고 있으니 죽지 말고 싸우자며 힘을 넣어 주고 가셨다. 그렇게 송전탑의 노동자들과 밀양의 어르신들은 친구가 되었다. 울산으로 가는 희망버스에는 밀양에서 떠나는 버스도 있었다.

이제 제법 끈끈한 친구가 된 이들이 서로를 돕는다. 이번에는 노동자들이 밀양으로 가자고 호소하는 중이다. 2013년 11월 5일에는 한진중공업지회와 현대차비정규직3지회, 쌍용차지부, 비정규직없는세상만들기네트워크 등이 11월 30일과 12월 1일에 걸쳐 밀양으로 가는 탈핵희망버스에 동승하자고 제안했다. 희망버스로 얻었던 힘과 넓어진 연대를 이제 밀양에 조금이라도 돌려주자는 것이다.

울산의 최병승 현대차지부 조합원은 자신이 철탑에서 농

성할 때 밀양 할매들이 두 번이나 오셨는데, 이제 자신의 빚을 이자까지 쳐서 갚으러 가겠다고, 자신이 할 수 있는 것을 통해 밀양 송전탑 문제를 알리려 노력하겠다고 말했다.

송전탑이라는 매개를 통해 전기와 사람, 사람과 사람의 관계를 각자 느끼게 된 이들의 연대는 이렇게 구체적이다. 공장으로 돌아가서도 이들은 이 연대의 구체성을 잊지 않을 것이다. 나아가서 세상을 만드는 것도 노동자이고 바꿀 수 있는 것도 노동자라면 좀 더 욕심을 내어 묻게 된다. 송전탑은 누가 만들고 전기는 누가 만들며 자동차와 도로는 누가 만드는가? 그리고 그것을 '정의롭게' 만들 수 있는 이들은 또 누구인가?

짧은 후기 2014년 6월 11일, 결국 한전은 수천 명의 경찰과 밀양시 공무원들을 앞세워 밀양에서 마지막 남은 네 곳의 송전탑 반대 농성장을 강제 철거했다. 그 전날부터 예고된 행정대집행 소식을 전해 들은 평택과 울산, 경남의 노동자 수십 명은 밤새 차를 달려 새벽이슬을 맞으며 산 위의 농성장에 합류했고, 농성장의 마지막을 밀양의 할매, 할배들과 끝까지 함께 지켰다. 이제껏 볼 수 없었던 끈끈한 연대의 장면이었다.

에너지 노동조합 이해관계의 해법은?

　지난 2013년 2월 1일 한국전력 본사 강당에서 열린 6차 전력수급기본계획 공청회는 일부 언론의 표현을 빌자면 환경 단체와 노조의 단상 점거라는 '파행'으로 얼룩졌다. 6차 기본계획은 2013년부터 2027년까지 향후 15년간의 중장기 전력수급에 관한 기본 방안을 담고 있다. 후쿠시마 사고 이후 변화된 상황으로 인해 관심이 모였는데, 정부의 기본안은 발전설비 증설로 전력 대란을 막고 이를 대부분 민간 화력으로 충당한다는 것이었다.

　화력발전 증설은 온실가스 배출을 늘릴 터이니 기후변화 대응에 역행하고, 이를 민간투자로 한다면 요금 인상 등 공공성 약화가 우려되며, 핵 발전도 기존의 증설 계획을 철회하는 것은 아니어서 환경 단체와 노동조합 모두가 불만과 우려를 갖는 내용이었다.

공청회가 시작되기 몇 분 전 신속하게 현수막과 피켓이 펼쳐지면서 점거가 이루어졌는데, 단상에 올라선 이들은 실은 몇 개의 집단이었다. 전력노조, 발전노조, 시민 환경 단체, 지역에서 올라온 주민들과 진보정당 사람들로, 한쪽이 먼저 단상으로 뛰어나가자 예기치 않은 연합 점거 상황이 벌어지게 된 것이다.

그런데 각 집단이 외치는 구호에는 약간의 강조점 차이가 있었다. 발전노조는 민간 대기업의 발전산업 진출과 특혜가 갖는 문제를 주로 비판했고, 전력노조는 분할된 전력산업의 재통합과 전력의 안정적 수급 체계 구축을 강하게 주장했다. 환경 단체에서는 삼척과 영덕에 예정된 신규 핵 발전소 부지 선정을 취소할 것과 밀양과 청도의 고압 송전탑 건설 공사를 중단하라는 요구와 함께 6차 기본계획 자체의 백지화를 외쳤다.

두 전력 부문 노조가 공히 공기업의 공공성 이슈를 제기한 것이었지만, 전력 공기업의 고유 영역이 침해되지 않고 규모를 유지하거나 확대하는 것이 좋다는 판단이 깔려 있었을 것이다. 환경 단체와 진보정당 사람들은 비록 '한 무대'에서서 발언했지만, 그들에게는 핵 발전 반대와 기후변화 대응 촉구가 더 우선적인 관심사였다고 볼 수 있다.

이러한 색깔 차이는 점거 와중의 한 해프닝으로 드러났다. 전력노조의 간부 두 명이 당시 마이크를 잡고 있던 필자

파행으로 끝난 6차 전력수급기본계획 공청회
©공공운수노조

에게 다가오더니 밀양 송전탑 관련 구호는 더 이상 외치지 말라고 강압적으로 주문해 온 것이다. 안 그러면 여기서 충돌이 빚어질 수도 있다는 사실상의 협박이었다. 당시 한국전력 본사 앞에서는 밀양 주민들이 천막을 치고 한 달 가까이 농성을 이어오고 있었거니와 송전탑은 반드시 알려야 하는 문제였으므로, 그러한 주문은 들어줄 수 없다고 했고 옥신각신 말다툼이 일었다. 다행한 일인지 때마침 주최 측에서 점거로 인해 공청회가 무산되었음을 발표했고, 각자 자기 집단으로 돌아가는 것으로 상황은 종료되었다.

전력노조의 입장은 사측의 그것과 다를 게 없을 뿐 아니라 사회적으로 이미 많이 알려진 밀양의 반인권적 국가 폭력에 대해 또 다른 폭력으로 동조하는 것으로 느껴져 적잖이 불쾌할 수밖에 없었다. 밀양 송전탑은 아직 만들어지지도 않은 신고리 3 · 4호기 핵 발전소에서 생산할 전기를 송전하기 위한 것으로, 한전이 이미 착수한 사업은 어쨌든 차질이 없었으면 한다는 태도였던 것이다.

전력노조의 이러한 태도는 상급단체인 한국노총이 가진 상대적인 노사협조주의 노선으로도 설명될 수 있겠지만, 공공성이나 환경적 가치에 관하여 크게 보면 한목소리이되 자세히 보면 자신의 입지에서 이해관계를 가질 수밖에 없는 각 집단의 차이도 잘 살펴야 함을 알려 준다. 발전노조나 환경 단체들도 에너지의 환경성과 공공성, 민주성에 대해 단일한 인식과 대안을 갖고 대응해 온 것은 아니기 때문이다.

같은 반대, 다른 목소리

　탈핵 선도국이라 불리는 독일은 노동조합 운동과 환경운동의 연대에 관한 모범적 사례가 주로 알려졌지만, 이제까지의 과정이 결코 순탄치는 않았다. 노동조합도 해당 산업의 처지와 특성에 따라 입장이 크고 작게 갈리곤 했다. 독일 그린피스가 2007년 펴낸 〈기후 보호를 가로막는 이들은 대체 누구인가〉라는 제목의 보고서는 독일 내 주요 조직의 우두머리들이 에너지산업과 이해관계를 같이 하고 있음을 잘 보여준다. 예를 들어 슈뢰더 전 총리는 2000년 사민당과 녹색당의 연립 정권을 이끌면서 재생에너지법(EEG)을 제정하고 탈핵 과정을 이끈 것으로 평가받지만, 퇴임 후에는 러시아의 가스가 발트해를 관통해 독일로 공급되는 북유럽가스관(NEGP) 컨소시엄의 이사장을 맡았다.

　그런데 그린피스 보고서는 노동조합들도 경제와 환경의 타협에서 배운 게 없다고 고발한다. 예를 들어 IG BCE(독일 탄광·화학 및 에너지노조) 의장 휘베르투스 쉬몰트는 2000년부터 에너지 대기업인 E.ON의 이사도 맡으면서 국제 에너지 가격 상승에 대비해 모든 에너지 공급원을 열어 두고 고려해야 한다고 말했다. '이데올로기적 이유'에서 특정한 국내 에너지원이 폐기되어선 안 된다는 것이다. 그가 말하는 국내 에너지원은 아직 독일에 풍부하게 매장된 역청탄과 갈탄을 의미한다. 또한, 독일 산업의 경쟁력과 소비자가 재생에너지 보조금으로 인한 부담을 져서는 안 된다고 주장했고, 나아가 EU의 기후 정책은 '에너지산업에서 일자리 파괴 프로그램'이며 유럽의 산업 황폐화를 낳을 것이라고 언급했다.

독일의 공공 부문 통합 노조인 Ver.di의 창립 노조이기도 한 ÖTV(공공, 운수, 통신노조)는 1988년 핵에너지의 질서있는 후퇴를 선언했고 1996년 이를 재확인했다. 하지만 2001년부터 Ver.di의 의장을 맡은 프랑크 브리스케는 2005년 노조 내에서 이 합의를 뒤집고 '에너지와 환경 정책에서의 보다 현실주의적 접근'을 이야기하며, 역시 이데올로기적 이유에서 핵에너지와 석탄이 퇴출되어 비용과 요금에 영향을 주어서는 안 된다고 주장했다. 브리스케는 거대 에너지 공급자들을 지지한 이유로 노조 활동가들과 환경주의자들의 격렬한 반대에 부딪혀 내키지 않은 퇴임을 했지만 여기서 그치지 않았다. 2006년 12월 새 총리 앙겔라 메르켈에게 편지를 보내 '환경친화적인' 신규 화력발전소에 투자를 보장할 것을 촉구했고 IG BCE와 IG Metall(금속노조), IG BAU(건설, 농업, 환경산업노조) 역시 메르켈에게 EU의 규제 조건을 받아들이지 말라는 공동 서한을 보냈다.

독일 노동조합의 우여곡절

2월에는 베를린에서 독일 발전소에 대한 불공평한 배출 규제 반대 시위가 Ver.di 주최로 열렸다. 연사로 나선 브리스케는 석유와 석탄 등 화석연료 연소에 따른 지구온난화의 위협을 강조하면서도 국내 에너지원에 우선순위가 주어져야 하며, 갈탄이 가장 신뢰할만한 전력원이 되어야 한다고 이야기했다. 노조 입장이 참으로 간단치 않음을 보여주는 대목이다. 한국의 전력산업 노조들, 그리고 독일 산별노조들의 복잡한 태도는 ≪에너지 명령≫의 저자 헤르만 셰어가 지적했던 탈핵과 재생에너지에 대한 '거짓 합의'를 떠올리게 한다. 모두 재생에너지가 중요하고 좋다고 이야기하지만, 실은 기존의 전력 수급 방식과 비용, 고용에 변화가 없는 핵/화석 에너지와 재생에너지의 공존을 노린다는 것 말이다. 재생에너지는 아직 충분히 실현되기 어려우므로 전통적인 에너지 수단을 개선하여 당분간 쓰면서 모종의 순탄한 징검다리를 고민하자는 것이다.

그러나 동시에 국민의 세금이 비효율적 재생에너지에 투여된다, 요금이 상승한다 등의 부정적 논리가 재생산된다. 이러한 태도는 결과적으로 재생에너지로의 전환을 끊임없이 유예시킨다.[12]

독일의 에너지 전환에는 지역마다 추진된 '100% 재생에

재생에너지 지원 확대 시위에 함께 나선 독일 노동조합
ⓒwww.solarwirtschaft.de

너지 행동 계획'이 큰 역할을 했는데, 여기에는 단체장과 지역 민간 기업, 공기업, 에너지 협동조합 등 수많은 주체가 함께 참여했다. 하지만 여기에서도 노동조합의 역할은 크지 않았다고 한다. 그럼에도 거대 산별노조들이 점차 재생에너지법에 찬동하고 이해를 같이하게 된 것은 전통적 전력 부문보다 재생에너지 부문이 훨씬 더 많은 고용을 창출하고, 특히 그 성장세가 가파르기 때문이었다.

2000년 이래 독일에서 대략 20만 개 이상의 일자리가 풍력발전기, 태양광 판넬, 바이오매스 설비 생산과 공급 부문에서 창출되었다. IG Metall이 탈핵운동에 더욱 동조적이 된 것은 이러한 부문에 종사하는 조합원들이 시나브로 많아진 탓이 컸다. 물론 이러한 재생에너지 부문의 신규 일자리들이 갖는 저임금, 저조한 노조 조직률, 고용 불안정성은 극복해야 할 과제다.

지난 4월 19일에는 서울 은평구에서 시민들이 출자한 '에너지 협동조합'이 창립했다. "옥상마다 시민 햇빛 발전소, 가정에는 시민 에너지 절전소"를 구호로 삼고 에너지 생산과 효율화를 지역사회에서 직접 실현하겠다는 취지다. 은평구의 시민 단체, 환경 단체, 진보정당, 생협들이 결합했지만, 함께하는 노동조합은 보이지 않는 듯했다. 노동조합에게 전력산업 민영화는 먼일이라도 가깝게 다가오고 지역과 현장

12) 헤르만 셰어, 《에너지 명령》, 고즈윈, 2012.

의 에너지 전환은 가깝지만 아직 먼일이다.

부산 고리핵발전소의 한수원 조합원들로부터 밀양과 청도의 어르신들, 한전과 하청업체의 직원들, 대전 원자력연구원의 해고노동자들, 경주 방폐장 현장의 노동자들, 전력노조와 발전노조의 조합원들, 전기를 가장 많이 쓰는 기업주들과 서울 시민들, 이런 당사자들이 함께 만나서 어떤 수가 있을지를 논의하는 자리가 있다면 무슨 결론이 나올까? 물론 이런 자리를 정부나 자본이 먼저 마련해 줄 리는 없겠다.

은평 '태양과바람에너지협동조합'의 태양광 발전소 준공식
ⓒ태양과바람에너지협동조합

에너지 전환의 관점에서 본 심야 노동

    2011년 7월 민주노총 15층 교육장에서 의미 있는 토론회가 열렸다. "심야 노동, 이제는 없애자"라는 제목으로 심야 노동의 폐해를 노동자의 건강권뿐 아니라 에너지 전환의 관점에서도 조명해 보자는 취지의 토론회였다. 그 즈음은 심야 노동에 대한 사회적 관심이 집중되던 때였다. 주요 완성차 업체의 주간 연속 2교대제 시행을 위한 단체 협상이 몇 년째 진행되고 있었고, "노동자는 올빼미가 아니다"라는 구호를 내걸고 금속노조 유성기업지회 노동자들이 심야 노동 철폐 파업 투쟁을 벌였으며, 대형 할인점에서 일하는 유통 노동자들도 영업시간 단축을 요구하고 있었다.

    민주 노조 운동에서 심야 노동을 인간다운 삶의 측면에서뿐만 아니라, 환경과 에너지 문제라는 측면에서도 접근하게 된 것이 무척 반가운 일이었고, 토론회에서 주어진 발표

기회를 통해 산업의 전력 에너지 수급이 갖고 있는 특수성에 접근할 수 있었다. 수출과 경제성장을 위해서라면 모든 것이 정당화되는, 그래서 정부의 에너지 정책에서도 산업 부문의 에너지 문제는 불가침의 성역처럼 되어 있는 것이 이제까지 한국의 풍토다. 그러나 탈핵의 현실화를 위해서는 전등을 줄이고 멀티탭을 이용하는 등 가정에서의 노력도 중요하지만, 결국은 산업 부문에서의 에너지 절약과 효율화가 관건이다. 토론회의 발표 내용을 다시 정리해 본다. 통계자료는 가급적 최근의 기준으로 정정했다.

사계절 뚜렷한 한국의 전력 수급 구조

반도 국가이자 분단국인 한국의 전력망은 국가 간 연계가 없는 단독 계통이다. 그리고 전체 설비 중 핵 발전 비중이 높아 주파수 제어가 불리하고 수도권 지역에 부하가 집중되어 있다. 현재는 6개 주요 루트의 송전선로(765kV 2개 루트, 345kV 4개 루트)를 통해 비수도권에서 대전력을 수송하고 있으며, 많이 알려진 밀양의 송전탑 저지 투쟁은 한전이 이 765kV 송전선로를 추가하려는 과정에서 벌어진 일이다.

한국은 기후 특성상 연중 최대 전력(전력 피크)이 전기 냉방 수요가 많은 여름철 주간에 발생하지만, 계절별로 최대

심야 노동 철폐를 외치며 투쟁한 유성기업 노동자들
ⓒ미디어충청

전력 발생 시간대가 다르다. 봄과 가을철에는 점등이 시작되는 19시, 여름철에는 냉방이 집중되는 11시와 15시, 겨울철에는 점등과 난방이 같이 작용하여 19시 또는 23시 주변에서 피크가 발생한다. 여름철에는 냉방 수요(최대 수요의 약 24%)로 인해 야간과 주간의 수요량 차이가 매우 큰 반면 겨울철에는 난방 수요가 늘어남에 따라 하루 중 수요량 차이가 상대적으로 적은 편이다.

그런데 한국의 전체 전력 판매량 중 55%는 산업용이며, 10개의 대기업이 이 산업용 전기의 21%를 사용하고 있다. 이에 비해 전력 요금 누진제가 적용되는 주택용 전력은 17% 정도로 비중이 결코 높지 않다. 최근의 전력 소비 증가추세 역시 산업용이 가장 가팔랐다. 2005~2010년 사이 전체 전력 사용량이 3,324억kWh에서 4,342억kWh로 30.6% 느는 동안 산업용은 1,749억kWh에서 2,327억kWh로 33.0% 증가했다. 2010년의 경우 주택용과 일반(상업)용 전력 사용량은 각각 632억kWh, 974억kWh로 2005년 대비 21.4%, 32.1%가 늘어났다. 심야 노동이 주로 행해지는 제조업과 상가 및 기타 서비스 부문의 전력 소비량 증가세가 가파르다는 것은 수요 조절에서도 이 두 영역이 핵심이라는 것을 보여 준다.

그리고 한국의 전기 요금 제도는 주택용, 일반용, 교육용, 산업용, 농업용 등 용도별로 다른 기준 요금을 책정하고,

용도마다 저압과 고압, 선택 요금 방식에 따라 구분된다. 산업용 전력 요금은 전력 소비 규모별로 갑, 을로 구분되며, 계절별로 그리고 시간대별로 다른 요금이 적용된다. 대기업과 에너지 다소비 사업장에 해당하는 일반용전력(을) 및 산업용 전력(을)의 시간대별 전력 요금 구분은 아래 표와 같다. 경제 활동과 가계 생활 패턴에 따라 시간대별 전력 부하가 뚜렷한 특성을 가지며, 이에 따라 요금도 경부하, 중간 부하, 최대 부하 시간대를 다르게 부과하여 수요 조절 효과를 거두기 위한 제도 설계다.

그런데 산업용 전력 수요가 폭증하는 까닭은 기본적으로 판매 요금이 매우 저렴하기 때문이다. 산업용 전기의 판매 단가는 92.83원/kWh으로 주택용 전기 판매 단가의 82% 정도밖에 되지 않는다. 수십 년간 '교차 보조'라는 이름으로 산업 부문에 특혜를 주는 전력 정책을 펴 온 것이나 다름없다. 게다가 산업용 전기 요금의 원가 보상률은 89.4%로, 한전에서 손해보는 장사를 하고 있는 셈이다.

특히 산업용 전력 사용량의 약 40%는 판매 단가가 kWh당 50~60원대로 생산원가의 약 70%인 경부하 시간대, 즉 밤 11시부터 아침 9시까지 사용하는 전기다. 산업용 경부하 전기는 24시간 공장을 가동하는 1차 금속산업과 석유화학산업 등 조립과 장치산업에서 주로 사용한다. 이러한 업종에서 최대 부하 시간대 가격에 비해 계절별로 2~3배나 저렴한 경

부문별 전력 소비량 (단위 : GWh)

년도	총계	주택용	공공용	서비스 부문			전철용	생산 부문			
				합계	전가+수도	상가, 기타		합계	농림어업	광업	제조업
2001	257,731	39,211	9,425	71,046	5,551	65,495	2,257	132,791	5,985	1,074	128,731
2002	278,451	42,278	10,534	78,915	6,555	72,360	2,271	144,453	6,156	1,155	137,142
2003	293,599	44,572	11,235	85,074	6,562	78,512	2,331	150,387	5,944	1,205	143,238
2004	312,096	48,615	12,417	90,252	6,862	83,390	2,475	158,337	6,511	1,269	150,557
2005	332,413	50,873	13,741	98,385	7,010	91,375	2,601	166,813	7,007	1,317	158,489
2006	348,719	52,522	14,589	104,413	7,136	97,277	2,534	174,662	7,296	1,393	165,972
2007	368,605	54,174	15,579	110,167	7,210	102,957	2,433	186,252	7,795	1,484	176,973
2008	377,941	56,228	16,577	115,358	7,129	108,229	2,278	194,630	8,389	1,446	184,795
2008 (계)	100%	14.9%	4.4%	30.5%	1.9%	28.6%	0.6%	51.5%	2.2%	0.4%	48.9%

• 전기+수도 : 전기 사업자와 수도의 합계 값

일반용 전력(을) 및 산업용 전력(을) 계절별 · 시간대별 구분표

계절별 시간대별	여름철 6월 1일 ~ 8월 31일	봄, 가을철 3월 1일 ~ 5월 31일, 9월 1일 ~ 10월 31일	겨울철 11월 1일 ~ 익년 2월 말일
경부하 시간대	23:00 ~ 09:00	23:00 ~ 09:00	23:00 ~ 09:00
중간 부하 시간대	09:00 ~ 10:00 12:00 ~ 13:00 17:00 ~ 23:00	09:00 ~ 10:00 12:00 ~ 13:00 17:00 ~ 23:00	09:00 ~ 10:00 12:00 ~ 17:00 20:00 ~ 22:00
최대 부하 시간대	10:00 ~ 12:00 13:00 ~ 17:00	10:00 ~ 12:00 13:00 ~ 17:00	10:00 ~ 12:00 17:00 ~ 20:00 22:00 ~ 23:00

일반용 전력(을) 및 산업용 전력(을) 전력량 요금

구 분	기본요금 (원/kW)	전력량 요금(원/kWh)			
		시간대	여름철 (7~8월)	봄, 가을철 (3~6, 9~10월)	겨울철 (11~2월)
선택I	7,220	경부하	61.6	61.6	68.6
		중간 부하	114.5	84.1	114.7
		최대 부하	196.6	114.8	172.2
선택II	8,320	경부하	56.1	56.1	63.1
		중간 부하	109.0	78.6	109.2
		최대 부하	191.1	109.3	166.7
선택III	9,810	경부하	55.2	55.2	62.5
		중간 부하	108.4	77.3	108.6
		최대 부하	178.7	101.0	155.5

• 고압전력A(표준전압 3,300V 이상 66,000V 이하 고객)의 경우

부하 전기를 업주들이 최대한 활용하여 야간작업을 선호하는 것은 당연한 일이다. 실제로 제조업의 시간대별 전력 사용량을 보면, 심야 시간대(23~09시, 10시간)가 약 48%로 주간 시간대(09~18시, 9시간)의 34%에 비해 단위 시간당 사용량이 훨씬 많음을 알 수 있다.

지난 2005~2009년 사이의 통계를 보면 전체 전력 소비가 18.67% 증가할 때 산업용 경부하 전기 소비는 24.72% 늘었는데, 이는 전체 전력 소비의 22%를 차지하는 산업용 경부하 전기의 소비 증가율이 전체 증가율보다 34% 높았다는 뜻이다. 이러한 경부하 시간대 전력은 대부분 기저 발전, 즉 주로 핵 발전과 석탄 화력 발전으로 충당되며 심야의 전력 수요가 지속적으로 증가함에 따라 심야 시간대의 가격 이점도 이미 사라진 상황이다. 심야의 전력이 모자라게 되자 장기 구매 계약을 맺은 천연가스 분량 외의 추가 물량을 비싸게 들여와 발전소를 가동하게 되어 한전의 적자 폭은 오히려 늘어나고 있는 형편이다.

산업용 전기, 특히 대기업에서 많이 이용하는 고압 대용량 전기 요금에 대한 특혜 시비가 잇따르자 정부가 매년 조금씩 산업용 전기 요금을 인상하는 추세이기는 하지만, 이미 기존의 낮은 요금으로 인해 전기로, 컴프레서 등 전력을 많이 사용하는 공정으로의 변화가 상당 부분 일어난 후여서 산업의 '전기화'가 가져오는 구조적인 에너지 다소비 경

향과 심야 경부하 시간대 조업 선호 패턴이 지속되고 있다
고 할 수 있다.

사무직 노동자에겐 칼퇴근법을

　제조업의 야간 노동은 노동자의 건강권뿐 아니라 에너지
절약 차원에서라도 지양되어야 한다. 심야 시간대 전력이 싼
것은 산업용 전력 가격에 대한 차별적 정책의 효과이며, 에
너지를 효과적으로 이용하게 한다는 착시효과를 일으켜 왔
다. 24시간 동안 전력 수요가 고르게 늘어나고 전력 예비율
이 줄어들면 결국 현재에도 과도한 비율인 기저부하 발전원
(특히 핵 발전)의 증설을 요구하는 빌미를 가져온다. 그것이 에
너지 전환 요청에 역행하는 결과임은 물론이다.

　또한, 24시간 영업, 파트타임, 변형 근로제 등 서비스업
의 야간 노동이 늘어나면서 상가 등 서비스산업의 에너지 소
비가 늘어나는 것도 간과해선 안 된다. 일반용 전력의 주 고
객은 사무실, 상가, 호텔, 병원 등 서비스업이다. 서비스업은
필요한 에너지의 79%(산업 전체 24%)를 전력을 통해 공급받고
있어 전기 절약의 필요성이 더욱 강조된다. 서비스업 중에
서도 에너지를 많이 사용하는 업종은 백화점, 호텔, 할인점,
증권 · 보험, 은행 순으로 나타나 이들 업종의 에너지 사용에

대한 각별한 관리가 필요하다.

대형 할인점과 편의점의 야간 영업이 일반용 전력 수요를 급격히 높이고 있고, 대도시 사무직 노동자가 일하는 사무실의 입주 건물이 초고층화되어 에너지 수요를 더욱 크게 하고 있는 만큼 서비스업의 야간 노동도 에너지 전환 차원에서 관심이 요구된다. 대형 할인점의 야간 영업 규제 확대와 함께 사무직 노동자의 '칼퇴근법'을 정책적으로 고려할 필요가 있을 것이다. 제조업, 유통업, 사무직 노동자들이 노동시간 단축과 탈핵을 함께 요구할 수 있는 실마리가 되지 않을까.

에너지 다소비 서비스업 사업장 전력 사용 현황(2008년, 2,000TOE 이상만 포함)

업종명	사업장 수	에너지 사용량 (TOE)	전력 사용량		전력 비중	업종 비중
			MWh	TOE		
은행	13	44,739	178,635	38,406	86%	5%
백화점	84	360,365	1,462,569	314,452	87%	36%
할인점	74	195,074	737,995	158,669	81%	20%
증권·보험	13	44,984	191,848	41,247	92%	5%
호텔	55	348,368	1,069,351	229,910	66%	35%
서비스업 합계	239	993,531	3,640,398	782,685	79%	100%

핵 발전소 10기 없는 여름,
전력 예비율 관전법

2013년 6월 들어 전력 수급 경보가 거의 매일 '준비' 단계를 가리키며 여름철 전력 대란에 대한 염려가 여기저기서 들려온다. 전력 수급 경보는 대략 7,700만kW 정도의 총 전력 공급력 중 전력 예비력이 450만kW 미만일 때 '준비', 400만kW 미만일 때 '관심', 그리고 이하 100만kW 단위로 '주의', '경계', '심각'의 단계로 올라간다. 민방위 훈련의 경계경보, 공습경보를 조금 세분화한 것이나 마찬가지다. 그리고 그 최종 단계를 넘어서면 전국적 또는 부분적 정전 사태인 공포의 '블랙아웃'이 닥쳐올 것이라는 의미다.

그런데 한반도 기후변화로 이미 몇 년 전부터 초여름 불볕더위를 경험하면서 6월에 '준비'나 '관심' 수준의 수급 경보 발령은 드물지 않은 일이었다. 언론과 정부가 더 법석을 떠는 것은 핵 발전소 시험 성적서 위조 등의 이유로 지난 5

월 말부터 총 23기 중 계획보다 많은 10기의 핵 발전소가 동시에 가동을 멈추면서 총 공급 능력이 예년에 미치지 못하는 가운데 여름을 맞게 된다는 것 때문이다.

전력 대란은 찬핵발전 진영에게 좋은 구실이 되곤 했다. 국민이 이렇게 여름 겨울 가릴 것 없이 전기를 많이 쓰고 있으니 용량 빵빵한 핵 발전소를 빨리 많이 건설해야 하지 않느냐는 선전이 호소력을 갖기 때문이었다. 집집마다 전등 끄고 에어컨 끄고 멀티탭을 차단한다고 해서 그리고 지붕마다 태양광 발전기를 올린다고 해서 얼마나 핵 발전 용량을 대체하겠느냐는 흔히 듣는 얘기다. 그러나 핵 발전소 절반 가까이가 쉬고 있는 이번 여름의 전력 예비율 추이는 이러한 논리를 다시 뜯어보는 기회를 제공할 듯싶다.

전력 예비율 실제로 살펴보니

날이 더워진 2013년 6월 4일 전력 예비율부터 들여다보자. 전력을 가장 많이 사용하는 오전 11시와 오후 2~3시 피크 시간대 예비율은 6% 남짓, 전력 예비력은 400만kW 정도였다. 가파르게 예비율이 떨어지는 듯했지만, 거기서 더 나아가지는 않았다. 갑자기 더워지는 날은 뉴스 일기예보에서 전력 예비율 예보도 함께하기 시작했다. 전력 관계 당국과

기관들은 일련의 프로그램에 따라 수급 조절 조치를 취하기 시작했고 이미 국민뿐 아니라 기업, 정부, 언론도 이러한 조절에 금방 익숙해지고 있기 때문이다. 지켜보는 눈이 많고 조절할 수 있는 수단과 당사자가 많다면 전력 상황이 위기에 이르기까지의 어려움은 쉽게 짐작할 수 있다.

전력 예비율을 관전하는 한가지 포인트는 하루 단위, 일주일 단위, 일 년 단위로 그래프를 보는 것이다. 하루로 보면 사람들이 많이 출근하는 오전 10시부터 11시 사이에 전력 사용량이 급격히 오르기 시작해서 점심시간에 줄었다가 2~3시 사이에 다시 올라간다. 낮에 전력 소비가 많았고 열대야라 해도 새벽 시간 전력 예비율은 30% 이상이 된다. 일주일 단위로 보면 월요일이 가장 전력 소모량이 많고 주말이나 공휴일에는 아무리 덥거나 추워도 전력 예비율은 10%를 충분히 상회한다. 일 년으로 보면 전력 예비율이 5% 이하로 떨어지는 것은 한여름 일주일과 한겨울 일주일, 그것도 한낮의 몇 시간일 뿐이다.

2013년 6월 3일 월요일 오전 6시의 전력 예비율은 45% 정도나 된다. 월요일 오후에 쓸 전력량을 대비해 대용량 발전기를 풀가동시켜 두는 것이다. 오전 6시와 피크 타임인 오후 2시의 시차를 생각한다면 상당한 낭비와 비효율이 아닐 수 없다. 전력 수요의 시시각각 변화와 전력 공급량, 즉 발전량의 변화에 갭이 생기는 것은 이른바 기저 발전원이 2/3

이상인 한국의 전력 공급 구조 때문이다. 발전 출력을 빨리 조절할 수 없는 핵 발전과 석탄 화력을 위주로 하다 보니 사용하지 않는 전력량만큼 미리 가동시켜 두어야 하고, 그것도 원거리에서 고압으로 송전해 와야 한다. 고압의 산업용 전기 요금이 저렴한 이유와 밀양 등의 송전탑 갈등이 빚어지는 이유 중 하나이기도 하다.

이러한 구조를 좀 더 들여다보면 한국은 총 전력 공급이 부족한 것이 아니라 피크 시간대의 기동적 수급이 문제라는 것, 그리고 역으로 말해서 피크 조절만 잘하면 핵 발전을 증설하지 않아도 충분히 한여름과 한겨울을 넘길 수 있다는 것을 알 수 있다. 6월 6일 역시 무더웠지만 현충일로 휴무일이었던 탓에 오후 2시의 전력 예비력은 617만kW를 기록했다. 6월 7일 역시 비슷하게 더웠는데, 같은 시각에 398만kW까지 내려갔다. 전력 소모는 공장과 사무실이 가동되는 것과 정확히 함께 움직인다.

관건은 산업용 전기

작년 6월 21일 실시된 대규모 정전 대비 훈련을 떠올려 보면, 피크 시간대의 겨우 20분 동안 관공서와 일부 기업이 참여한 정전 대비 훈련의 결과 전력 예비율은 평소의 두 배

수준인 960만kW, 예비율로는 15.2%를 확보하게 되었다. 부문별로는 피크 점유율의 54%를 차지하는 산업체가 387만 kW를 절감했다. 화력발전소로 따지면 10기, 핵 발전소로는 5기 정도의 가동 분량이었다. 피크 시간대의 예비율 확보가 얼마나 쉬운지, 그리고 일반 주부들에게 전등 끄라고 스트레스 주는 것이 얼마나 모순인지를 알 수 있다. 관건은 산업용 전기, 특히 에너지 다소비 대공장의 전기 소비다.

철강 업계의 전력 대란 대응에서도 이를 읽을 수 있다. 철강 협회는 공장 가동 시간을 조절하여 올 여름 동안 매일 핵 발전소 1기 발전량에 해당하는 100만kW 정도의 전력 소비를 줄이겠다고 스스로 결의했다. 실제로 가능한 일인데, 막대한 전력을 소비하는 전기 용광로를 이용하는 대형 철강 업체가 많아졌기 때문이다. 철강 업계가 절감하기로 한 전력량은 정부가 추진하고 있는 전력 다소비 업체 절전 규제 목표치인 1일 평균 250만kW의 42.4%에 해당한다. 그렇다고 철강 공장들이 생산량을 줄이는 것은 아니다. 전기로 사용 시간과 정비 시간을 조절하는 것으로 가능하기 때문이다. 이제까지 산업용 전기가 워낙 저렴하니 전기로를 돌리는 게 편했던 것이다.

6월 10일의 전력 예비율은 관전포인트가 많았다. 서울은 30도를 넘었고 게다가 월요일이었기 때문이다. 하지만 이날 역시 오전 11시에 예비력이 420만kW까지 떨어졌다가 12시

2013년 6월 4일 전후 전력 예비율 그래프 (출처: 전력거래소)

를 막 넘으니 731만kW, 11.7%로 올라갔다. 점심시간이 되자 공장에서 라인을 멈췄고, 사무실에서 컴퓨터가 쉬었기 때문이다. 오후에도 전력 예비율은 400만kW 이상을 유지했다. 이날 오후에 철강 업체가 얼마나 가동 조절을 했는지는 모르지만, 각 기업이 피크 시간대에 대비하는 노하우도 점점 발전할 수밖에 없다.

결론은 점심 먹고 쉬다가 느긋하게 사무실 들어가고, 넥타이 풀고 천천히 일하고, 한여름과 한겨울 휴가일 수도 대폭 늘리고, 에너지를 많이 쓰는 공장은 쉬엄쉬엄 조절하며 돌리고, 에너지 다소비 공정과 설비 이용을 점점 줄여나가면 된다는 것이다. 집안 형편을 살피며 살림살이하는 게 당연하듯, 이제 전력 대란의 협박 대신 전력 수급 조절이 살림살이 일부가 되어야 한다. 우리 국민, 기업, 정부는 민방위 훈련만큼이나 전력 조절 훈련에 슬슬 적응해 가고 있다. 이 적응은 상당한 의미를 갖는다. 핵 발전소 10기 없이 올여름을 넘긴다면, 한국도 탈핵이 가능하다는 이야기가 나올 것이다. 매일 간당간당한 전력 예비율 현황을 오히려 즐겁게 관전할 수 있는 이유다.

3부

지금
여기에서의 모색

생태사회주의와 노동해방

　　최근 몇십 년간 지구촌의 대기 온도는 10년마다 0.13도 씩 상승했고, 지난 20년 새 대기 중으로 유입되는 CO_2의 양은 1.3배 증가했으며, 10년마다 해수면의 높이는 3.1cm씩 상승했다. 세계의 기후변화 전문가들로 구성된 '기후변화에 관한 정부 간 패널(IPCC)'이 4차 보고서에서 밝힌 예측에 따르면, 만일 화석연료에 의존하는 대량 소비 사회가 이어진 다면 21세기 말 지구 온도는 최대 6.4도 올라가고 해수면은 59cm가량 높아진다. 2013년 9월 27일 발표된 5차 보고서에는 기온 상승 폭이 3.7도로 낮아지기는 했지만, 기후변화가 인간 활동에 의해 유발되는 것임을 더욱 확실히 했고 피해 예상도 더욱 구체화했다.

　　열대성 폭풍은 매년 빈도와 강도를 더해가고 황사의 발원지인 북중국 사막도 넓어져 간다. 커져 가는 오존층 구멍은? 허물어지는 남극의 빙하는? 조금씩 잠겨 가는 투발루 같은 해수면 바로 위의 나라들은? 사라져 가는 한반도의 봄가을과 동해안의 명태는?

모두 수십 년 전부터 많이 듣던 이야기다. 〈한겨레21〉에서 인용한 사례들이지만, 비슷한 통계와 주장들은 시민 단체의 소식지에도, 〈조선일보〉에도, 〈파이낸셜 타임즈〉에도 나올 것이다. 그래서 식상하게 들리는 것일까? 그렇다기보다는 우리는 대개 덤덤하다. 적어도 한국의 대중적 좌파운동은 그러한 사실들을 직시하고 대처하려는 운동이 중요하다고는 생각하지만, 그것이 자신의 일이나 자신의 운동이 되어야 한다고 생각하지는 않는 것이다.

물론 80년대 공해추방운동연합(공추련) 이후 환경운동 혹은 생태운동이 가장 많은 회원 수를 가진 시민운동 조직을 배출할 정도로 성장하기도 했고, 새만금이나 방폐장 같은 전국적 이슈에 노동운동과 진보정당 운동이 적극적으로 결합한 것도 사실이다. 그러나 살펴보면 여전히 그것도 중요한 운동이어서일 뿐이지, 진보운동 내에서 환경 이슈의 대응 수준이나 운동 노선을 놓고 치열한 논쟁이 벌어진 적도 없고 목숨을 걸고 들러붙어 본 적도 없다. 환경운동 진영 역시 진보정당 운동과 노동운동의 낮은 생태적 감수성이나 미온적인 입장에 대해 가혹한 비판을 가한 경우가 드물다.

사실 이러한 모습은 한국과 같이 압축적 근대화를 경험하

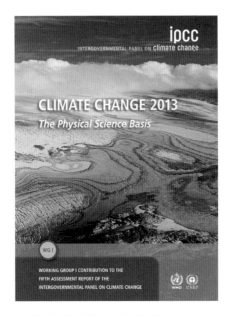

인간의 활동이 기후변화를 일으킴을 분명히 한 IPCC 5차 보고서
ⓒIPCC Working Group

IPCC, 2013: Climate Change 2013: The Physical Science Basis. Contribution of Working Group I to the Fifth Assessment Report of the Intergovernmental Panel on Climate Change [Stocker, T.F., D. Qin, G.-K. Plattner, M. Tignor, S.K. Allen, J. Boschung, A. Nauels, Y. Xia, V. Bex and P.M. Midgley (eds.)]. Cambridge University Press, Cambridge, United Kingdom and New York, NY, USA, 1535pp.

고 권위주의 국가와 천민적 자본에 의해 자원과 국토를 착취당해 온 에너지 덤핑형 사회에서 좀 의아스러운 일인지도 모른다. 90년대 이래 환경 이슈와 생태적 논의들이 사회의 '주류'가 된 듯이 보이면서도 사회 전체에서 그리고 좌파운동 진영 내에서도 실은 액세서리 신세를 면치 못하고 있는 이유는 무엇일까? 정치권력 장악과 소유 구조 변경에 환경적 고려를 덧붙이기만 하면 우리의 변혁 프로그램은 충족되는 것일까? 앨 고어가 온실가스에 관한 '불편한 진실'을 마주하기를 요청했듯, 우리는 좌파운동과 자연 그리고 자본 사이의 외면이나 결탁에 관한 불편한 진실을 마주해야 한다.

마르크스 안에 있다, 없다

마르크스 혹은 마르크스—레닌주의 전통에서 피를 나누어 받은 사회운동이 생태주의 문제를 흔쾌히 자신의 것으로 받아들이지 못한 것은 일반 민주주의나 최소한의 생존권 쟁취 같은 더 시급한 과제들이 있었기 때문이다. 그러나 식량 생산의 한계를 주장했던 맬서스를 마르크스가 공박했듯, 환경 모순이 자본 관계로 인한 모순보다 부차적이라거나 진정한 문제는 자본 관계에서 비롯된다는 마르크스주의의 전통적인 믿음과도 무관치 않았다. 그래서 마르크스주의자들

은 주류 환경주의자들을 자본 관계를 간과하는 낭만적 환경
보전론자들로 무시하고, 환경주의자들은 마르크스주의자들
을 계급 권력과 생산력 증진에만 골몰하는 이들로 폄하하곤
했다. 이러한 논의는 '마르크스의 문헌 속에서 생태적 고려
가 존재했는가'하는 훈고학 논쟁을 낳았다. 마르크스에게서
생태주의적 면모를 찾고자 하는 이들이 대표적으로 언급하
는 것이 마르크스의 1844년 ≪경제학-철학 초고≫에 나오
는 구절이다.

> "이 공산주의는 완성된 자연주의로서의 인간주의요, 완성된
> 인간주의로서의 자연주의이며, 그것은 인간과 자연 사이의
> 그리고 인간 사이의 충돌의 참된 해소이다"

그런데 이 구절을 정말 생태 친화적 맥락으로 이해해도
좋은 것일까? 마르크스는 다른 곳에서 "자연력에 대한 인
간지배의 완전한 발전"과 같은 언급들을 하고 있는데, 이는
확실히 자연을 지배의 대상으로 이해하는 뉘앙스를 풍긴
다. ≪공산당선언≫에서 부르주아에 의한 생산의 끊임없는
혁신을, 비록 비판적으로지만 경탄해 마지않던 마르크스가
아닌가. 마르크스가 이 구절에서 이야기한 인간과 자연의 합
일 역시 생태주의적 통일이라기보다는 공산주의를 통해 실
현될 인간의 온전한 자유, 그러나 역설적이게도 자연의 한계

를 정복한 자유를 의미한다고 보아야 할 것이다. 오히려 엥겔스의 ≪자연변증법≫에는 보다 '희망적인' 구절이 있다.

"인간은 그가 일으키는 변화를 통해 자연을 자신의 목적에 맞게 변형시키며 자연을 지배한다. 이것이 인간과 다른 동물 간의 최후의 본질적인 차이이며, 이 차이를 발생시키는 것은 다시 노동이다. 그러나 자연에 대한 우리 인간의 승리에 대해 너무 득의양양해 하지는 말자. 우리가 승리할 때마다 자연은 매번 우리에게 복수한다... 우리가 한 걸음 한 걸음 내디딜 때마다 상기해야 할 것은 우리가 자연을, 마치 정복자가 타민족을 지배하듯이 자연 바깥에 서 있는 어떤 자처럼 지배하는 것이 아니라는 점이다. 오히려 우리는 살과 뼈, 머리까지 포함하여 전적으로 자연에 속하는 존재이며, 자연의 한가운데에 서 있으며, 우리의 자연에 대한 지배의 본질이 모든 다른 피조물보다 우수하게 자연의 법칙을 인식하고 이를 올바로 사용할 줄 아는 데 있다는 것을 명심해야 할 것이다."

이 부분은 산업화로 초래되는 생태 위기의 가능성을 이해한 것으로 해석이 가능하다. 적어도 자연을 '지배'하더라도 그 힘을 매우 조심스럽게 사용해야 한다는 것이다. 하지만 이 역시 자연의 한계 자체보다는 이용에 초점을 맞춘 것이다. 마르크스와 엥겔스는 자연의 지배에서 문제가 일어난다는 것은 이해했지만, 그것이 궁극적으로 자연의 절대적 한계에서 비롯한다는 것을 인식하지는 못했다는 것이다.[13]

　마르크스 이후 어떠한 수정과 발전이 일어났든 간에 마르크스주의 전통은 기본적으로 생태중심주의라기보다는 인간중심주의 사상이다. 그 전통이 문제를 제기하고 해결하고자 했던 측면은 '자본주의'와 '계급 지배'라는 개념을 중심으로 여전히 유효하게 남아 있다. 그러나 협소한 훈고학적 마르크스주의 안에서 진지한 생태적 관심은 '없다'. 이는 아쉬워할 일도 회피할 일도 아니지만, 확실히 인정할 일이다. 다만 마르크스의 마르크스주의를 포함하는 인간 해방 운동의 역사 속에서, 새로운 발견과 탐구 속에서 인류의 과제를 재구성할 수 있으면 되는 것이고 또한 필요한 것이다. 그리고 그 유력한 길로 모색되는 것 중 하나가 '생태사회주의'일 것이다.

13) 존 벨라미 포스터는 마르크스가 자본주의적 농업이 토지 비옥도를 갉아먹고 인간과 지구의 신진대사를 가로막는다는 인식을 가졌다고 주장한다(존 벨라미 포스터, 《생태계의 파괴자 자본주의》, 책갈피, 2007). 이는 충분히 환기할 가치가 있기는 하나, 이후 마르크스주의 이론과 운동의 전통에서 생태적 조망이 희미해졌다는 것 역시 분명한 사실이다.

자본주의의 이차적 모순

생태사회주의의 대안은 그 이전의 다양한 환경주의, 생태중심주의 논의와 운동에 대한 비판으로부터 전개되었다. 그 주요 비판대상은 근본생태론과 사회생태론이었다.

우선 '심층생태론'으로도 불리는 근본생태론은 기존의 '자연 보전' 식의 환경개혁주의 또는 환경개량주의의 한계를 비판하며 1970년대에 등장한 조류다. 이들은 기존 방식을 피상적 생태론으로 규정하고 자신들을 근본적이고 광범위한 생태운동으로 자리매김했다. 네스(A. Naess), 카프라(F. Capra) 같은 사람이 대표적인데, 핵무기나 대기오염 같은 물질적 측면뿐 아니라 정신적, 문화적 병리까지 주목하면서 근본적 전환을 요청했다. 자연과의 일체를 주장하는 범신론과도 상통하는 흐름으로, 68혁명 이후 구좌파 운동의 전제들을 전도하고자 하는 분위기도 호응을 얻는데 기여했다. 심층생태론을 낭만주의나 이상주의로만 폄하하기 쉬운데, 여기서 살펴보는 이러한 흐름은 문제의식과 강조점의 차이를 설명하는 것이지 그 우열을 주장하고자 하는 것은 아니다.

하지만 80년대에 접어들면서 근본생태론이 사회와 단절된 의식 전환이나 문화운동을 강조함으로써 운동의 '보수화'를 초래했다는 문제 제기가 등장했다. 이에 생태 위기의 원인이 되는 사회적 관계들에 주목하면서 대안적 세계관과 사회관계를 구축하자는 노선이 등장했는데, 이를 통틀어 '사회생태론'이라 부른다. 사회생태론은 아나키즘과 생태주의가 결합한 것으로도 볼 수 있는데, 북친(M. Bookchin), 바로(R. Bahro) 같은 이들이 많은 저작을 내놓았고 한국의 생태운동에도 큰 영향을 끼쳤다.[14]

생태사회주의와 생태마르크스주의는 공히 생태적 관계와 자본주의 지배 체제 사이의 물질적 관계와 극복 대안을 인식함에 있어 마르크스주의 방법론과 사회주의 전통을 결합시킬 것을 요청하는 조류들이다. 생태사회주의와 생태마르크스주의의 구별이 크게 중요한 것은 아니지만, 생태사회주의가 기존 구좌파 및 동구 사회주의의 반생태적 측면과 단절을 강조한다면, 생태마르크스주의는 마르크스주의 이론을 생태학적으로 재구성하는 데 관심을 두는 편이다. 이들은 기존의 환경개혁주의는 물론이고 사회생태론이나 사회주의 운동 모두 이러한 관계에 대한 엄밀한 인식이 부족했다고 본다. 일부 환경주의자들이 생태 악화의 가장 두드러진 원인으로 표현한 'PAT 공식'에 관한 논의를 보면 이들의 문제의식을 잘 알 수 있다.[15]

---

14) 생태주의의 여러 조류에 대해서는 문순홍, ≪생태학의 담론≫(솔, 1999)에 잘 설명되어 있다.
15) 존 벨라미 포스터, ≪환경과 경제의 작은 역사≫, 현실문화연구, 2001, pp.32~34.

대표적인 생태사회주의자 앙드레 고르(위)와 머레이 북친(아래)

©Suzi Pillet(위)

$$I = P \times A \times T$$

여기서 I는 환경 영향, P는 인구, A는 부(1인당 자본 스톡)와 관련된 물질 산출량, T는 물질 산출량을 생산하는 데 사용되는 에너지 단위당 환경 영향이다.

이 공식은 환경 악화가 인구 증가만의 결과이거나 축적의 증가 또는 덜 환경친화적인 기술 도입만의 결과가 아니라 이 세 가지 모두의 산물임을 보여준다. 그래서 이 중 하나라도 개선되면 유익한 환경 영향을 낳을 수 있고, 하나라도 악화되면 반대의 결과를 낳는다.

그런데 인구와 부가 증가하는 한 환경 영향은 유해할 수밖에 없다. 기술은 결코 제로로 감소할 수 없는데, 반대로 기술적 선택은 매우 방대한 환경적 영향을 미치게 된다. 이산화탄소 배출 산업과 운송, 질소비료를 사용하는 농업 생산이 모두 그러한 사례다.

하지만 존 벨라미 포스터는 PAT 공식이 환경 악화의 직접적 원인을 지적하는 데는 유용하지만, 근저의 원인에 대해서는 별로 말해주지 않는다고 지적한다. 환경주의자들은 종종 이를 단순화하여 제3세계의 경우는 인구(P)를 조절함으로써, 구 동구권은 기술(T)을 개선함으로써, 서구는 부(A)를 제한함으로써 환경을 개선할 수 있다고 주장했지만, 사실 이 모든 요인을 규정하는 조건들은 생산, 힘, 불평등의 지구적

동학에 크게 영향을 받는다. 말하자면 우리가 환경 영향의 문제를 해결하기 위해서는 자본주의 운동법칙 자체를 고려하지 않으면 안 된다는 것을 의미한다.

미국의 생태학자이자 '마르크스주의-폴라니주의자'로 불리는 제임스 오코너(J. O'connor)는 한발 더 명쾌하게 나아가는데, 그는 ≪자본주의, 자연, 사회주의≫라는 저작에서 마르크스가 말한 자본주의의 첫 번째 모순(생산력과 생산관계 사이의)에 더하여 생산력과 생산 조건 사이의 '두 번째 모순'을 고려할 것을 제안한다. 이 생산 조건에는 노동자, 도시 공간, 자연 등이 모두 포함되며, 그 팽창적 동학을 통해 자본은 자연환경으로 시작하여 스스로의 생산 조건을 위험에 빠뜨리거나 파괴하게 된다는 것이다. 이는 오코너가 보기에 마르크스가 제대로 고려하지 못한 측면이다.

말하자면 '지속 가능한 발전'이라는 언명에도 불구하고 자본주의는 마르크스가 고찰한 이유 이상으로 지속 가능하지 않다는 것이다. 물론 우선 전 지구적인 경제적 관리의 전망이 지구적 환경조절의 전망만큼이나 불투명하다는 것이 이유다. 다음으로 현대 자본주의의 '비용 측'의 이윤 압박이 자본과 자연(그리고 다른 생산의 조건들)의 모순에서 발생하며 동시에 이에 저항하는 환경운동과 여타 사회운동에 의해 자본에게 경제적인 역효과가 발생한다는 것이다. 결론적으로 자유민주주의 국가와 자본 자체의 본성 때문에 자본은 첫 번째 모순과 두 번째 모순 모두를 성공적으로 해결할 수 없다.

생태사회주의의 대안

생태사회주의의 대안은 현실사회주의의 이론과 체제를 넘어서 모순의 다면화와 복합화를 인정하고 생태계의 위기와 젠더(gender) 같은 새로운 문제를 수용하고자 한다. 이렇게 되면 과거의 '해방'의 의미도 다시 규정되어야 하며, 과거의 사회주의 운동이 갖는 한계 역시 명확히 인식해야 한다. 근대화 담론의 쌍생아인 성장주의와 결합되어 온 노동운동의 근시안적 조합주의, 노동해방을 외치면서도 자본주의 체제의 전반적 변혁은 회피하고 체제내화되어 온 실천들, 이론 진영의 단선적 역사 발전 이론과 (그것이 계급 모순이든, 분단 모순이든)단순화된 모순 인식, 자연의 문제는 중산층 운동의 것으로 규정하고 타자화해 왔던 관념들 말이다.

물론 생태사회주의의 대안 역시 여전히 진화 중이다. 어떤 경우 고르(A. Gorz)처럼 "노동계급에 안녕"을 고하고 아예 마르크스주의에서 생태주의로 전환하거나, 리피에츠(A. Lipietz)처럼 '적색' 진영에 있는 동지들에게 주저 말고 "녹색" 대열에 합류할 것을 권고하며 녹색당 활동가가 되기도 했다.[16] 그런가 하면 오코너는 북미를 중심으로 아예 ≪CNS(

자본주의, 자연, 사회주의)≫라는 잡지를 창간해서 생태사회주의의 성과를 축적하고 있다. 2001년 파리 근교 벵센느에서 열린 생태주의와 사회주의에 관한 워크숍 이후 조엘 코블(J. Kovel)과 미셀 뢰비(M. Löwy)는 함께 '생태사회주의자 선언(An Ecosocialist Manifesto)'을 발표하기도 했다.[17]

'마르크스'에 국한되지 않는 더 넓은 사회주의 전통 내에서 생태주의의 연원을 발견하려는 논의도 많은데, 영국의 문화사회주의자 윌리엄 모리스로부터 시작하여 E. P. 톰슨으로 이르는 '도덕 경제(Moral Economy)'의 전통이나 칼 폴라니 같은 학자가 주장한 '경제와 정치의 재합일' 요청 같은 것이 실마리가 된다. 이러한 연결고리는 ≪파레콘≫의 저자 마이클 앨버트나 최근 북미의 ≪먼슬리 리뷰≫ 편집진들로 이어지는 경향을 보이고 있다. 이들은 '적록연합'의 정치에서 한 발 더 나아가서 생태학의 계급성을 의식하는 '가난한 자의 생태학(Ecology of the Poor)'을 논의한다.[18]

이러한 생태사회주의 논자들에게서 나타나는 제안들은 몇 가지로 모아진다. 첫째, 자급자족적 지역 경제를 적극적으로 사고해야 한다는 것이다. 둘째, 자기 충족형 지역 경제

---

16) 앙드레 고르, ≪프롤레타리아여 안녕≫, 생각의 나무, 2011. ; 알랭 리피에츠, ≪녹색희망≫, 이후, 2002.

17) 생태사회주의 진영의 최근 동향과 목소리에 대해서는 다음을 볼 수 있다. 이안 앵거스 엮음, 김현우 외 옮김, ≪기후정의≫, 이매진, 2012. ; 데렉 월 지음, 조유진 옮김, ≪그린레프트≫, 이학사, 2013. 앞의 책에는 벨렘 생태사회주의자 선언도 실려 있다.

'기후변화 대신 사회변혁'을 외치는 생태사회주의 대회 포스터
ⓒClimate Change Social Change

는 세계시장과의 결별을 필수적 조건으로 하며, 전 세계적 경제 분업 구조와 일정 분리된 지역 경제를 이원적 대안론으로 보완하고자 한다. 셋째, 이원론적 경제는 비시장 모델을 지향할 수밖에 없다. 이는 상품생산 및 소비자가 시장의 가치법칙에 의해 지배받지 않기 때문이고 소유권 및 경영에 대한 사회적 통제 기제가 작동될 것이기 때문이다. 특히 대규모 전략산업에서는 직접적인 사회통제와 계획화가 작동할 것이고 기타의 경우에는 협동조직이나 소경영 조직이 선호될 것이다.

적록동맹의 정치

생태사회주의를 실현하는 내용과 주체를 함의하는 적록정치는 노동자와 지구를 착취하고 공격하는 자본에 대한 '공동의 대항 전선'이다. 그것은 자본주의의 파괴적 질서를 제어하지 않고서는 노동자의 삶도 지구의 안위도 보장할 수 없다

18) ≪먼슬리 리뷰≫ 출판사가 매년 펴내는 ≪사회주의 연감(Socialist Register)≫의 2007년 주제는 '자연에 대해 다루기(Coming to terms with Nature)'였는데, 엔리케 레프, 마이크 데이비스, 엘마 알트파터, 후한 마르티네즈-알리에, 그렉 앨보, 미셸 뢰비 등 최근의 걸출한 논자들이 총출동했다. 여기 실린 논문들은 참여적 계획과 민주주의를 결합시킬 수 있는 생태-사회주의 전략이 자연의 문제를 적절히 소화해야 한다는 주장을 담고 있다. 한글로도 번역되어 있다. 리오 패니치, 콜린 레이스 지음, 허남혁 옮김, ≪자연과 타협하기≫, 필맥, 2007.

는 인식에서 비롯한다. 그러나 적록동맹의 정치는 그저 단지 과거의 적색파(사회주의 운동 세력)와 녹색파(생태운동 세력) 사이의 사후적인 인적, 조직적 결합으로 이해되어서는 안 된다.

적록동맹의 정치는 세력이나 당위적 구호보다 풍부한 콘텐츠로 다가가야 한다. "먹고 쓰는 방식을 바꾸어야 세상이 바뀐다"는 철학이 정책과 사업으로 반영되어야 하며, 그 골격은 첫째, 시장과 확장 의존에서 기획과 관리 중심으로, 둘째, 광역−대규모 방식에서 지역−중소 규모 방식으로, 셋째, 현세대의 건강권과 에너지 기본권을 넘어 미래 세대와의 연대와 책임으로 관점을 전환하는 것이 될 것이다. 구체적 정책으로는 도농 연계 유기농 혁명으로 농촌과 도시민의 생활을 함께 바꾸는 것, 탈핵과 에너지 저소비 체제 전환을 위한 한 세대의 계획을 시작하는 것이 앞머리에 포함될 수 있다.

아직 아이디어 차원이지만, 새로운 계급 형성 또는 대안적 주체 형성의 관점 도입을 생각해 본다. 즉, 탈자본주의 이행 프로그램에 적록정치 프로그램을 결합하며 진보적 구조개혁의 실현 과정을 통해 적록의 대안 주체를 형성한다는 것이다. '녹색의 노동계급'과 '적색의 소비자/생활인 집단'이 형성되고 중앙 정치와 풀뿌리 정치에서 정치세력으로서 자연스레 협력해야 한다. 물론 이를 매개하는 적극적 역할을 진보정당 운동이 떠맡아야 할 것이다.

사회연대 전략의 확장도 생각해 볼 수 있다. 즉, 과거 정규직-비정규직의 연대 전략으로 제시되었던 사회연대 전략에서 한발 더 나아가서 제조업 생산자-서비스업 생산자- 농업 생산자-소비자 사이의 적록연대 전략을 설계할 수 있다는 것이다. 이는 현실에서는 도시와 지방의 연대, 노동자 조직과 농민 조직의 연대 프로그램으로 구체화될 것이다.

적록정치의 대표적 구호로는 석유 카르텔 분쇄와 전 사회적인 에너지 저효율 시스템 구축을 삼을 수 있으며, 여기에는 문화적-교육적 프로그램이 함께해야 한다. 이를 뒷받침하는 핵심 프로그램으로 '정의로운 전환' 개념이 중심이 된 환경 일자리, 사회적 일자리의 확충과 노동시간 단축의 패키지가 제시될 수 있으며, 이러한 방식으로 무궁무진한 응용과 연계가 가능할 것이다. 이외에 지역 내생적 발전과 지역 산별노조의 역할, 문화 사회로의 전환, 국제적 수준 및 동아시아 수준에서의 전략 등이 포함될 수 있겠다.

녹색 일자리와 정의로운 전환

　정의로운 전환의 한 부분으로 곧잘 언급되는 것이 '녹색 일자리(Green Jobs)'다. 녹색 일자리는 대체로 환경의 질을 보전하거나 복구하는 데 실질적으로 기여하는 일자리다. 경제 성장 과정에서 자원 소비와 오염물 배출로 환경에 부담을 증가시키던 기존의 갈색(Brown)산업의 일자리와 대비해서 '녹색'이다. 환경을 보전하거나 복구하는 데 도움이 된다고 할 때 흔히 연상하는 과학기술직, 관리직, 서비스직 일자리뿐만 아니라 농업, 제조업, 건설업, 설치와 유지 보수의 일자리도 녹색 일자리일 수 있다. UN환경계획(UNEP)은 특히 녹색 일자리를 생태계와 생물 다양성을 보호하고 복구하며, 효율 향상과 오염 회피 전략으로 에너지와 물질, 물 소비를 줄이고, 모든 형태의 쓰레기와 오염 발생을 최소화하거나 탈피하는 데 도움이 되는 일자리를 포함한다고 정의한다.

하지만 이 정의를 통해서도 어떤 일자리가 녹색 일자리 인지 딱 부러지게 이야기하기는 여전히 어려운데, 그래서 일 반적으로 쓰는 방식은 표준산업분류표 상의 특정 업종군을 환경산업으로 유형화하고 이를 녹색 일자리로 간주하는 것 이다.

녹색 일자리의 유형

분야	직종
재생 가능 에너지 – 태양력	전기공학 기사, 전기기술자, 기계기술자, 용접공, 금속 조립인, 전기 장비 조립사, 설치 조무사, 건설 관리인
재생 가능 에너지 – 풍력	환경공학 기사, 철강 근로자, 터빈 설계사, 판금속 기사, 기계 기사, 전기 장비 조립사, 건설 장비 운전사, 공업용 트럭 운전사, 생산 관리인
농업 · 먹거리	화학공학 기사, 화학자, 화학 장비 운전사, 화학 기술자, 혼합 기계사, 친환경 · 바이오 연료 농부, 공업용 트럭 운전사, 농업 관리자, 농산물 감독관
건물(개보수)	전기 기사, 난방/냉방기 설치사, 목수, 건설 장비 운전사, 지붕 관리사, 단열 기사, 건물 점검인
대중교통	토목 기사, 선로 설치사, 전기 기사, 용접공, 버스 운전사, 철도 운전사, 교통 감독관
재활용 · 폐기물 관리	폐기물 처리 기사, 폐기물 수집인, 트럭 운전사, 유해 물질 제거 기사, 보수 및 수선 기사, 환경공학 기사, 중장비 기사

자료: Pollin et al.(2008)에서 재구성

이렇게 분류하는 것이 정책 수립이나 통계 작성을 위해 불가피할 수는 있지만, 환경산업에 속한다고 다 녹색 일자리라고 할 수도 없고 환경산업이 아닌 일자리라고 녹색이 아니라고 하기도 어렵다. 예를 들어 어떤 건설 장비 기사가 어제는 풍력 터빈 설치 현장에서 일해 녹색 일자리로 분류되다가 오늘은 같은 장비를 가지고 환경을 파괴하는 공사장으로 파견될 수도 있기 때문이다. 이명박 정부의 4대강 사업 당시 여기에 투입된 모든 인력이 녹색 일자리로 간주되거나 심지어 공사장의 현장 식당 일자리까지 녹색 일자리냐는 논란이 있었던 점을 생각해 볼 수 있다. 반면에 필자가 만난 미국 블루그린 동맹(BlueGreen Alliance)의 활동가는 자신이 교사 출신인데 교사가 녹색 사회와 경제에 대한 교육을 책임진다면 그것도 녹색 일자리라고 봐야 한다고 주장했다. 말인즉슨 타당하지만 정의상으로는 지나치게 넓은 것이라 생각된다.

녹색 일자리의 녹색은 여러 색깔

이렇게 보면 녹색 일자리는 그 자체가 분류표에 의해 자동으로 정해지는 것이라기보다는 더 광의의 녹색경제나 친환경 사회 전환에 기여하는 정도와 그 노동이 행해지는 맥락으로 이해하는 것이 좋을 것이다. 물론 통계상으로 합의된 기준이 필요하지만, 전략적으로 유연하게 적용하거나 특화할 필요가 있다는 이야기다. 예를 들어 서울시는 오세훈 시장 시절 서울형 4대 녹색산업으로 그린카, 녹색 건축, 신재생 에너지, LED 조명을 선정한 바 있는데, 이 역시 서울시의 지원 용이성이나 정책 기대 효과를 중심으로 선별한 것이었다. 하지만 폐기물 수집과 재활용이나 도시농업도 사회경제적 의미와 커져 가는 시민 공감대에 비추어 녹색산업으로 포함시킬 수 있을 것이다.

그런데 녹색산업이나 녹색 일자리는 그 직무가 행해지는 시간과 장소뿐 아니라 그 직무 전후의 과정도 함께 살펴져야 한다. 예를 들어 생협의 상품과 일자리가 일견 '녹색'이더라도 그 생산재의 원재료 생산과 가공, 운송에서 비환경적인 요소나 과정이 있다면 녹색의 의미는 크게 퇴색할 것이기 때문이다. 그래서 혹자는 일자리가 갖는 '녹색의 정도(Shade of Green)'를 여러 측면에서 지표화할 수 있으며, 산업혁명 이후 주요 산업으로 발전해 온 영역에서도 '녹색화'를 추구할 수 있다고 본다. 아래의 그림은 한 산업의 녹색 지표를 부문의 특성/생산물, 생산방법, 녹색 인지도, 가치 사슬, 직종, 숙련과 기술, 일자리의 질, 노동 부하 등 여덟 가지로 구분하여 각각의 지표가 모두 녹색 일자리의 견지에서 중요한 의미를 가짐을 보여준다.

이 지표에서 볼 수 있듯이 녹색 일자리 자체가 선험적으

녹색 일자리의 지표

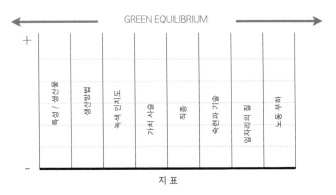

GREEN EQUILIBRIUM

+

특성 / 생산물

생산방법

녹색 인지도

가치 사슬

직종

숙련과 기술

일자리의 질

노동 부하

−

지 표

출처: Martinez-Fernandez, Cristina (et al.), 2010.

로 괜찮은 일자리(Decent Work)는 아니며, 안정된 고용, 좋은
처우, 안전한 작업환경, 기본적인 노동권이 보장되어야 제대
로 된 녹색 일자리라 할 수 있다. 세계적으로 보아도 대표적
인 녹색산업으로 간주되는 재활용, 건축, 바이오 연료 산업
에서의 일자리들은 평균보다 낮은 급여 수준과 비정규직 고
용의 일자리가 많다는 점에서 녹색 일자리가 풀어야 할 숙제
가 많음을 알려 준다.

　세계 여러 나라의 정책에서 이제 녹색 일자리는 하나의
대세가 되어 가고 있다. ≪그린칼라 이코노미≫의 저자 반
존스는 오바마 미국 대통령에게 환경 분야 투자를 통해 500

만 개의 일자리 창출이 가능하다고 조언했고 이는 오바마 선거 정책의 바탕이 되었다. 그러나 투자만 하면 일자리가 늘어나고 그것도 온전한 녹색의, 괜찮은 일자리가 늘어날 것으로 생각한다면 큰 착각이다. 녹색경제로 전환하는 과정은 고용의 증가와 감소를 모두 수반할 수 있기 때문이다. 기후변화 대응 정책에 구체적으로 대입해 보자면, 재생에너지 생산과 유지 보수 분야에서는 새로운 일자리가 만들어지겠지만, 화석연료를 연소시켜 전력을 생산하는 발전산업이 축소되면 그곳의 일자리들은 위협받을 것이다.

규모가 있는 특정 산업은 대개 한 지역사회의 경제와 수십 년 동안 긴밀히 엮여 있기 마련임을 감안한다면, 업종이나 생산방식의 변화는 지역사회 전체의 고용과 경제에 큰 타격을 입힐 수도 있다. 이 때문에 녹색 일자리 정책은 다른 무엇보다 '정의로운 전환'의 원칙에 기반을 두어 만들어지고 수행되어야 한다. 즉, 산업과 일자리가 녹색경제에 기여해야 할 뿐 아니라, 직접적 이해 당사자인 노동자와 지역사회의 참여 속에서 불공평한 희생을 막고 지속 가능한 경제와 사회로 전환하기 위해 구체적인 프로그램과 공적 자원이 만들어지고 동원되어야 한다.

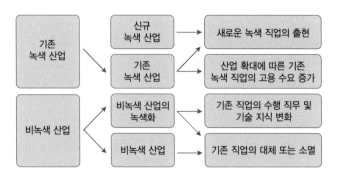

출처: 기획재정부 등, 〈녹색 일자리 창출 및 인력 양성 방안〉, 2009.

녹색 일자리 대신 녹조만 만든 4대강 사업

한국의 녹색 일자리 정책은 미국 루스벨트 대통령의 '뉴딜'을 참고해 이명박 정부가 2009년 1월 발표한 '녹색뉴딜' 정책이 대표적이다. 이명박 대통령은 2012년까지 4대강 살리기 등 36개 사업에 50조 원을 투입해 96만 개의 일자리를 창출하겠다는 계획을 발표했다. 96만 개라면 엄청난 숫자다. 그런데 실제는 어떠했을까? 결국, 주요 사업은 12개로 축소되었고, 2010년 7월까지의 정부 통계를 믿더라도 창출된 일자리 숫자는 겨우 14만228개였다. 이 일자리들 역시 녹색뉴딜 사업에 포함되어 있다는 의미에서 녹색 일자리일 뿐, 어떤 산업이 어떻게 녹색경제에 기여하는지, 어떠한 생산 사슬 속에 있고 종사자들은 어떤 처우를 받고 있는지 아무것도 파악할 수 없었다.

한재각 등에 따르면 애초 이 사업에 적용한 창출 일자리 추정 개수 자체가 미심쩍은 것이었다. 4대강 사업에 19.4조 원 정도가 투입되는데, 건설업의 취업유발계수가 10억 원당 17.3명이기 때문에 이를 곱하면 총 34만 개의 일자리가 나온다는 아주 단순한 계산이었던 것이다. 그러나 최근 대규모 건설현장에는 주로 거대 중장비가 투입되기 때문에 취업유발계수는 아주 허구적인 숫자에 불과하다. 4대강 사업 현장에 가 본 사람은 공구마다 수 대의 포크레인 말고는 노동자를 찾아보기조차 힘들었을 것이다.

오히려 참고할만한 통계는 서울대 환경대학원 김정욱 교수의 조사인데, 이에 따르면 4대강 사업이 한창이던 2010년 5월 중순까지 공사 현장에 투입된 인원은 1만364명이고, 그 중에서 상용직 노동자는 고작 130명뿐이었다고 한다. 그 대신에 700여 명의 골재 채취 노동자와 2만4천여 명의 농민, 가족까지 감안하면 최대 6만4천여 명이 생계 터전을 잃었다고 하니 일자리의 양으로 보나 질로 보나 말도 안 되는 사업이었던 셈이다. 4대강 사업이 완료된 후 해마다 녹조가 창궐하는 점에서나 녹색 일자리였을 뿐이다.

녹조로 뒤덮인 낙동강
ⓒ대구환경운동연합

녹색 일자리를 만든 노동조합의 실천

이미 여러 나라에서 정부뿐 아니라 노동조합과 환경 단체들이 따로 또 같이 녹색 일자리와 녹색경제 전환 정책을 만들고 있다. 그중에는 전국적 노동조합이 주도하는 경우도 있고, 지역 수준에서 펼쳐지는 실험들도 있다.

독일의 경우 일찍이 1999년에 독일노총(DGB), 정부, 환경 단체, 사용자 단체들이 참여하는 '노동과 환경을 위한 동맹(Alliance for Work and Environment)이 결성되었는데, 그 이전부터 건축농업환경산업노조(IG BAU)에서 실행한 건축물 에너지 효율화 프로젝트가 더욱 확대된 것이라 할 수 있다. 이 동맹의 프로그램은 건축물의 단열 강화, 난방기기의 효율화, 태양광 등 재생에너지 설비 설치 등으로, 2001년부터 2005년까지 진행된 1차 프로그램에서 26만5천 채의 건축물을 개보수하고 19만 개의 일자리 창출 효과를 나타냈다고 한다.

독일은 2001년 사민당과 녹색당의 연립정부 차원의 '탈핵' 결정에 대해 노동조합이 대립하기보다 호응하며 이를 녹색 일자리의 기회로 변화시켰다. 이는 금속노조(IG Metall) 같은 주요 산별노조가 재생에너지 산업 확대를 사회적 정당성뿐 아니라 새로운 조직 확대의 기회로 삼았던 사정에서도 연유한다. 여기서 기존의 화석연료 산업과 핵산업 부문 노동조합의 이해관계를 독일노총이 조정해 내고, 또 더 큰 녹색경제 조직으로 탈출구를 찾았던 것이다. 독일 재생에너지 산업의 고용은 벌써 4대 거대 전력 회사의 전체 고용 규모를 넘어서고 있다.

노사정 사이의 사회적 대화 전통이 존재해 온 스페인에서는 기후변화 대응 정책에 대해서도 산업별 노사정 대화 기구를 구성해 구체적 정책을 강구했다. 스페인노총(CCOO)은 세계야생동물보호기금(WWF), 옥스팜, 소비자연맹과 함께 '기후운동' 동맹을 형성해 시민들의 일상생활과 작업장 에너지 효율화 캠페인을 실시하고 있다.

네덜란드는 환경친화적이면서 동시에 노동친화적인 온실가스 감축 정책을 노동조합과 환경 단체가 함께 개발한 것이 인상적이다. 2007년 네덜란드노총(FNV)과 여러 주요 환경 단체들이 2030년까지 네덜란드의 이산화탄소 배출량 절반을 목표로 'Green4Sure' 프로젝트 보고서를 네덜란드 환경부에 제출한 것인데, 여기에는 노동자들의 소득과 순고용이 감소하지 않아야 한다는 전제가 포함되어 있다. 보고서에 따르면 이러한 기준과 원칙을 지키면서도 연간 4만 명 정도의 일자리를 증가시킬 수 있다고 한다.

영국노총(TUC)은 온실가스 감축을 법제화한 정부의 방침에 동의하면서 나아가 녹색 작업장(Green Workplaces)을 위한 노동조합 자체 프로그램을 전개하고 있다. 몇 년 전에는 영국 정부가 저탄소 사회로의 전환을 논의하기 위한 사회적 대

TUC가 발행한 '정의로운 전환' 홍보 팸플릿
ⓒTrade Union Congress

화체인 '정의로운 전환 포럼'을 구성했고 영국노총도 그 일원으로 참여한다. 또한, 영국노총은 작업장 현장의 실천 프로그램으로 작업장 에너지 절약 시범 사업과 함께 녹색 대의원(Green Rep)의 선임과 이들의 활동 시간 보장을 위해 노력 중이다.

미국은 지역사회 차원의 청정에너지와 녹색 일자리 창출을 기획한 아폴로 동맹(Apollo Alliance)이 알려져 있다. 미국의 미래연구소와 위스콘신전략센터에 의해 2001년에 조직된 프로젝트로, 최초로 달 착륙에 성공한 우주선의 이름을 딴 이 프로젝트는 과거 아폴로 우주선의 영광을 에너지 독립을 통해 재현하자는 의미를 담고 있다.

미국노동총연맹(AFL-CIO) 등 30개 이상의 노동조합, 시에라클럽과 같은 환경 단체, 관련 기업들이 함께하고 있는 이 동맹은 뉴욕, LA 등 시와 주 차원으로 조직을 구성하고, 특히 사업 기획에 있어 도시 재생과 도시 빈민 일자리 제공을 연결시키고자 했다. 2011년에는 블루그린 동맹(BlueGreen Alliance)과 통합했다.

이런 해외 사례들은 녹색 일자리가 경제와 환경, 일자리와 환경이 흔히 생각하듯 배타적인 관계가 아니라 서로 긴밀히 연관되며 서로를 지지할 수 있는 관계로 변화할 수 있다는 것을 잘 보여준다. 1970년대의 루카스 플랜이나 그린 밴 운동이 그러했듯이, 지금 노동조합이 주도하는 녹색 일자리와 녹색경제 기획은 노동조합의 조직력과 교섭력을 유지하고 사회적 연대를 확보하는데도 적지 않은 힘이 되고 있다.

굴이 회수를 건너면 탱자가 된다는 말은 많은 경우 진실이다. 나라마다 노사 관계, 노정 관계와 역사가 다르고 노동 기본권마저 침해당하기 일쑤인 한국에서 녹색 일자리 창출을 위한 공동의 기획은 한가하거나 먼 이야기일 수 있다. 그러나 누가, 무엇을, 어떻게 생산하는 것이 정의롭고 지속 가능한가의 질문은 공통적일 수밖에 없다. 자본은 경영난과 산업 환경의 변화를 빌미로 먹고 튈 수 있지만, 노동자와 노동자의 지역사회는 그럴 수 없다. 어떤 일자리, 어떤 산업으로 함께 나누어 먹고살 것인가 하는 것, 그것이 결국 녹색 일자리의 고민이고 한국 현실에 맞는 녹색경제, 녹색 일자리 전환 구상을 노동자와 노동조합이 먼저 시작해야 할 이유다.

| 참고문헌 |

Martinez-Fernandez, Cristina (et al.), <Green jobs and skills: the local labour market implications of addressing climate change> (working document, CFE/LEED, OECD), 2010.

Pollin, Robert (et al.), <Green Recovery: A Program to Create Good Jobs and Start Building a Low-Carbon Economy>, PERI, University of Massachusetts-Amherst, 2008.

UNEP(2008), <Green Jobs: Towards decent work in a sustainable, low-carbon world>, 교육과학기술부 등(2009), 녹색뉴딜 사업 설명 자료.

김현우, 〈한국의 녹색 일자리 현황과 전망〉, ≪환경과 생명≫, 2010년 봄(통권 63호).

장영배, 한재각, 이정필, 〈해외 노동조합의 기후변화 대응 사례와 시사점 ―녹색 일자리와 정의로운 전환을 중심으로〉, 노동조합의 COP16 대응과 정의로운 전환 전략 모색 토론회 발표문, 2010.11.23.

한재각 외, 〈이명박 정부의 녹색성장 / 녹색뉴딜 정책 평가〉, 이미경 의원실, 2010.

노동자의 안전과 건강,
지역사회와 함께 지키자

경북 구미와 경기 화성 등 전자 부품과 반도체 공장이 밀집한 곳에서 유해물질 관련 사고가 줄을 이었다. 2012년 9월에는 구미국가산업4단지 휴브글로벌공장에서 불산(불화수소산) 20톤이 누출되어 5명의 노동자가 목숨을 잃고 주민 1만2천 명이 병원 치료를 받아 큰 충격을 주었다. 2013년 3월 2일에는 LG실트론 구미2공장에서 질산, 불산, 초산이 섞인 혼산 수십 리터가 외부로 유출되어 다시 사람들을 놀라게 했다. LG실트론 사고는 발생 15시간 만에 관계 당국에 신고가 이루어져 은폐 논란까지 불거졌다.

그뿐만 아니라 그보다 며칠 전인 1월 28일에는 삼성반도체 백혈병 문제로 잘 알려진 기흥공장 근처 삼성전자 반도체 생산 11라인 화성공장에서 불산 유출로 1명이 숨지고 4명이 치료를 받는 사고가 있었다. 불산은 기체 상태로 체내에 흡

수되면 점막과 뼈를 손상시키는 극도로 위험한 물질이다. 지난해 9월의 구미 사고는 인근 주민들의 건강에 피해를 줌은 물론 농산물까지 하얗게 말라 죽게 만들어 그 독성을 실감케 했다. 화학물질을 다루는 현장에서의 사고는 해당 공장을 넘어 곧바로 지역사회 전체의 사고가 된다.

그런데 이러한 산업 독성물질 유출 사고가 최근에 빈발하는 이유는 무엇일까? 언론의 보도를 보면, 당국의 유해물질 점검과 안전망 구축이 소홀했다거나 현장의 안전 불감증이 원인이라는 식의 진단이 많다. 이는 매우 피상적일뿐더러 누구나 할 수 있는 이야기에 불과하다. 물론 정부에 통합적 안전 관리 체제 구축을 요구하는 일은 중요하다. 실제로 이명박 정부가 정부의 공무원 기구 축소를 이유로 대구지방환경청 구미출장소를 14년 만에 폐지한 것이 비판의 도마에 올랐다. 그러나 이러한 사고의 급증 원인에 대해서는 다른 설명이 있어야 하는 게 아닐까?

우선 두 가지 이유가 짐작된다. 첫째는 발견 건수의 단순한 증가일 수 있다. 특정 물질에 대한 기준이 강화되거나 측정 기법이 발전하는 경우 그전까지 무해하고 안전하던 것이 유해한 것으로 카운트될 수 있다. 또한, 이제까지 무감하게 지나치거나 묵인되던 유해물질이 경각심이 높아지자 발견 경우가 증가한 것일 수 있다. 말하자면 반도체산업의 산업재해와 독성물질 사고도 근래에 들어 갑자기 많아진 것이

삼성전자 화성공장 불산 누출 항의 기자회견
ⓒ다산인권센터

아니라 작년 9월 구미 불산 사고를 계기로 더 많이 알려지게 된 게 아니냐는 것이다. LG실트론 혼산 유출 사고 역시 공장 내부 직원의 제보로 뒤늦게 알려졌다는 것을 봐도 '내부 고발자'의 역할이 중요했음을 알 수 있다.

둘째, 외주 하청의 증가가 가져온 결과 중 하나일 수 있다. 하청 업체나 협력 업체가 유해물질이나 위험한 공정을 맡을 경우 사고 발생 가능성뿐 아니라 대응에 있어서도 당연히 차이를 가져올 것이기 때문이다. 삼성 화성공장의 사고에서 희생당한 노동자들만 해도 불산 공급 설비 밸브 교체 작업에 투입된 협력 업체인 STI서비스 소속이었다.

진보신당의 최김재연 경기도의원은 한 기고문(〈그는 왜 죽음의 공포를 호소하지 못했나〉, 프레시안, 2013년 3월 3일 자)에서 "방역 협력 업체 노동자가 불산이 누출되어 흐르는 것을 알면서도 왜 탱크 가동 중단을 요구하기는커녕 흐르는 불산을 비닐봉지에 받아가며, 그것도 화학약품을 막는 방산복(방진복이 아닌)도 지급받지 못한 상태로 보수 작업에 묵묵히 투입되었는가"라고 질문했다. 불산에 1차 노출되었던 노동자가 귀가했다가 다시 새벽에 불려 나와 작업하다 2차 노출로 사망에 이른 것도 경악스럽지만, 사고가 난 뒤 사업장 안의 삼성병원이 아닌 다른 병원으로 간 것도 삼성에 사고가 알려지는 것을 꺼렸기 때문이 아니냐는 것이었다.

2011년 9월에는 울산 현대중공업과 세진중공업 등에

서 10년째 선박 비파괴검사를 해 온 노동자가 백혈병으로 숨진 일이 있었다. 이 노동자는 방사능 검사 장비 업체인 KNDT&I 소속으로, 역시 외주 계약으로 주요 조선소의 작업에 투입되었다. 원자력안전법에 따르면 방사선 작업 종사자의 선량한도는 연간 50밀리시버트(mSv), 분기 5밀리시버트 미만으로 제한되어 있고 방사선 투과 업무는 반드시 두세 명이 같이 작업해야 했지만, 이러한 규정들은 지켜지지 않았다. 방사선 피폭을 측정하는 필름배지도 지급되지 않았고, 홀로 선박 구조물 속으로 기어들어가서 작업하는 일도 많았으며, 하루 기준 작업량보다 7배나 많은 조사 작업을 하는 날도 있었다고 한다.

위험한 일일수록 하청, 하도급을 통해 이루어지는 경향이 있는 것은 원청이 책임을 덜 수 있고 비용도 줄일 수 있는 탓이다. 그러나 하청 업체들은 규모와 전문성도 떨어지고 하도급 과정에서 줄어든 작업비로 일을 마쳐야 할뿐더러 골치아픈 문제를 일으키지 않고 계속 재계약을 해야 하기 때문에 관리 소홀과 사고 은폐를 유발하는 동기가 된다.

이는 비단 한국만의 문제가 아니다. 한국은 핵 발전에서 외주 비율이 아직 높지 않지만, 일본은 많게는 9단계에 이르는 하청 구조의 문제가 후쿠시마 사고 이후 이슈가 된 바 있다. 가장 위험한 핵 발전소 관리와 사고 수습에 심지어 야쿠자 조직이 개입하여 노동자들을 모집해 투입하는가 하면, 아래 단계의 하청 업체 관리자가 노동자들의 방사능 계측기에 고의로 납판을 덮어 측정 선량을 하향시키기도 했다는 것이다.

다단계 하청이 노동자들의 주머니와 건강을 모두 갉아먹고 국민의 안전마저 위협할 수 있다면, 전자산업의 외주 하청 증가 경향이 실제로 얼마나 유해물질 관련 사고를 증가시키고 사고 대응에 장애를 초래하는지 전국의 모든 공단 지역에서 면밀한 조사가 시급히 이루어져야 할 것이다.

또한, 앞으로 이러한 사고를 막기 위해서는 작업장에 대한 노동조합의 산업 안전 활동이 강화되어야 한다. 그러나 한국의 상황에서 그리고 경북과 경기의 제조업 공단에서 노조 조직률이 턱없이 낮다면, 또한 사고 빈발 사업장일수록 노동조합의 손길이 닿기 어려운 하청과 비정규직 비율이 높은 상황이라면 어떻게 해야 할까? 공장의 담벼락을 넘어 '지역과 함께하는 산업 안전 네트워크'가 한 가지 대안이 될 수 있지 않을까? 어차피 공단에서 다루는 물질, 주변의 공기와 하천, 사고 발생 시의 영향은 모두 지역사회의 일이기도 하다.

2009년 한국에 출간된 ≪세계 전자산업의 노동권과 환경정의≫[19]는 전자산업의 유해물질과 사고가 세계 여러 나라에서 공통적이며 지역사회를 통해 유력한 대안을 찾을 수 있음을 알려준다. 환경정의 활동가들이나 학자들은 오래전부

애플의 '독성 폐기물'에 항의하는 SVTC(2006년)
ⓒRoughlydrafted

터 '환경'을 사람이 '살고 일하고 활동하는 곳'으로 정의해 왔을뿐더러 지역사회에 존재하는 유해물질들과 일터에 존재하는 유해물질들 사이에 직접적인 연관이 있다고 주장했다. 이렇게 기존의 환경 개념을 폭넓게 재해석하면 작업장에서 발생한 독성물질이 가정과 지역사회로 이동한다는 사실을 알게 되며, 이 문제를 해결하기 위해 노동자와 환경 운동가들이 힘을 합치게 된다는 것이다.

1982년 설립된 '실리콘밸리 독성물질 방지연합(SVTC)'은 이미 제법 알려진 사례다. SVTC는 설립 초기부터 지역 주민과 노동자들이 노출될 가능성이 있는 잠재 독성물질들에 대해 '지역사회의 알 권리'를 주장해 왔고, 1983년에는 이를 강제하는 법과 조례를 통과시키는 첫 승리를 거두었다. 이는 이후 '기술의 사회적 책임을 위한 운동(CRT)'으로 이어졌고 국제적으로도 확산되었다. 노동자와 지역 주민이 작업장의 안전을 모두의 일로 여기게 될 때, 그리고 이러한 물질과 제품들의 연관 고리들을 깨닫게 될 때 우리는 더욱 안전하고 지속 가능한 환경을 위한 통제력을 갖게 될 것이다.

한국에서 산업 안전 문제를 지역 수준으로 확대하여 공동의 관리 네트워크를 만드는 방법은 무엇일까? 문제가 되

---

19) 테드 스미스, 데이빗 A. 소넨펠드, 데이빗 N. 펠로우, ≪세계 전자산업의 노동권과 환경 정의(Challenging the Chip, CTC)≫, 메이데이, 2009.

는 공단 도시들에서 지역 일반노조의 역할을 산업 안전 부문으로 확대하는 것도 가능하다. 지역본부가 주도해서 지역의 사회운동 역량을 모아 SVTC와 유사한 '안전하고 친환경적인 작업장과 지역사회를 위한 연대체'를 만들 수도 있다. 이를 통해 유해물질에 대한 충분한 정보공개와 노동자/지역 주민의 개입과 협의를 요구하는 것이 시작일 수 있겠다. 구미, 화성은 물론이고 여천, 울산, 군산, 거제, 창원에서 각자의 모델을 만들면 어떨까?

녹색교통, 한국 철도에 주목해야

지난 2009년 10월 한국 정부는 2012년까지 녹색교통망 구축 사업에 총 71만 개의 일자리를 만들기로 했다. 이 중 철도와 도로, 대중교통 시스템 개선 사업에서 창출하겠다고 밝힌 일자리 수는 16만 개다. 철도망 확충과 간선급행버스(BRT), 광역 급행 지하철, 복합 환승 센터, 자전거 도로망과 보관 시설 등이 주 내용이다.

이러한 계획은 한국의 교통 상황에서 볼 때 상당히 미흡하다. 우리의 경우 해방 이후 도로-자동차-석유 연료 위주의 산업화가 급속히 진행된 반면, '궤도'에 대한 투자는 도시철도와 고속철도 외에는 매우 부진했다. 온실가스를 감축하는 '녹색교통'이 중요해진 지금의 시점에서 지난날의 산업화와 교통정책에 대한 반성과 변화가 요구되고 있다.

그런데 이명박 정부가 내놓은 저탄소 녹색성장 계획에서

도 녹색교통 확충은 적극적인 수단으로 강구되지 못하고 있다. 하이브리드카 지원, 자전거도로 건설 등 해당 산업의 시장과 국가 예산을 통해 손쉽게 할 수 있는 사업이 아닌, 교통 체제를 전환하고 그에 따른 일자리를 생성, 전환하는 문제는 건드리려 하지 않기 때문이다.

철도망 확충이 가져올 효과

세계 총 에너지 이용의 약 26%, 온실가스 배출량의 14%가 교통 부문에 의한 것으로 추산된다. 교통 부문의 탄소 배출은 1990년 수준보다 2010년에는 30% 이상 증가했는데, 어느 경제 부문보다 큰 상승 폭이다. 또한, 도로 교통이 총 교통 CO_2 배출의 74%를 차지하여 향후 온실가스 의무 감축 목표 달성에 있어 특히 가시적인 감축 대상이 될 전망이다. 게다가 도로 교통의 절대다수를 점하는 내연기관 엔진은 석유 정점(peak oil)에 가장 직접적 영향을 받을 대상이다.

한국의 경우 교통 부문의 온실가스 배출량은 전체 배출량의 약 16.6% 정도를 차지한다. 수송 수단별로는 도로 7,848만tCO_2(77.7%), 해운 1,286만tCO_2(12.7%), 항공 897만tCO_2(8.9%), 철도 67만tCO_2(0.7%) 순이다. 즉, 교통수단별로 에너지 효율과 온실가스 배출 비율이 큰 차이를 보이고 있다. 이 때문에 '대중교통'으로 과감히 전환하는 '지속 가능한 교통 체계'가 기후변화에 대한 주요한 대응 방안으로 떠오르고 있다.

예를 들어 철도와 도로를 비교하면, 철도는 승객 한 명을 1km 수송할 때 승용차의 1/2이 안 되는 CO_2를 배출한다. 화물 1톤을 1km 수송할 경우에는 화물자동차의 1/10이 안 되는 CO_2를 배출한다. 여기에 대기오염과 소음까지 포함하면 단위 환경 비용은 더욱 큰 차이를 보인다. 환경정책평가연구원(KEI) 자료에 따르면, 철도 여객이나 화물수송 분담률 1% 증가 시 연간 5천595억 원의 에너지 소비 절감 효과가 나며 연간 309억 원의 CO_2 배출 저감 효과가 발생한다.

교통정책은 인력이나 기술, 상황 면에서 다양한 변수가 있기 때문에 지속 가능한 교통을 위한 단일한 해법을 제안하기는 어렵다. 그러나 큰 방향에서 대안을 모색해볼 수는 있다. 첫째, 기술적 해법으로 하이브리드카 등 연료 효율화 수단을 추구하는 것이다. 그러나 충분한 해법이라고 볼 수는 없고 '자동차 의존 구조'를 유지한다는 데서 근본적인 한계가 있다. 둘째, 교통수단을 전환(Modal Shift)하는 것이다. 궤도를 중심으로 하는 대중교통 확충 등 도시계획과 연동하는 포괄적 방안이다. 장기간의 시간과 비용이 소요되지만, 직간접적으로 가장 넓은 효과를 낼 수 있다. 셋째, 제도적 해법으로 탄소세, 혼잡세 등 교통 유발 억제책을 사용하고 온실가스 저감 실천 지원책을 병행하는 방법이다. 앞의 방안들에 보충적으로 작용하는 것이지만, 사회적 저항을 해결해야 하는 과제가 있다.

녹색교통 전환, '일자리 창출'에 긍정적 영향

자동차에 의존하는 현 체제에서 녹색교통으로 전환이 일어날 경우 일자리에 미치는 영향은 어떠할까? 전망은 대체로 긍정적이다.

1998년 독일 프라이부르크의 경제연구소에서는 1995~2010년 사이 독일 CO_2 배출을 1/4 감축하기 위해 BAU(현 추세 유지 전망) 시나리오와 대안 시나리오를 비교했다. 자동차 제조업과 관련 부문에서 13만 개의 일자리가 사라지는 반면, 33만8천 개의 일자리가 생겨나 20만8천 개의 순증가가 생길 것으로 보았다. 그러나 사라지는 일자리 중 일부는 고임금 부분이고 주요 자동차 생산 지역의 지방 고용에 미치는 영향은 심각할 수 있다.

이 연구는 휘발유세 인상이 대중교통으로의 전환에 기여하고 추가 조세수입의 절반이 대중교통의 새로운 생산 기반(인프라스트럭처)과 재정 지원으로 투입돼 대중교통 일자리를 만들 수 있으리라고 예측했다.

영국 '지구의 벗'에서 나온 연구 보고서는 제목부터 의미심장하다. '(도로)교통량이 적어질수록 더 많은 고용이 창출된다(Less Traffic, More Jobs)'는 것. 특히 철도 고용의 잠재력은 매우 크게 나타났다. 이 보고서는 1990년 수준 대비 2010년까지 교통량을 10% 줄여야 한다는 '도로교통 감축 (국가 목표) 법안'을 전제해 '지속 가능한 교통 시나리오'를 작성했다. 분석 결과 대중교통, 자전거 및 도보를 활성화하는 녹색 정책들은 2010년까지 13만 개 신규 일자리를 만들 수 있고, 특히 열차 신설 및 관련 서비스 일자리 9만 개, 버스 관련 일자리 3만1천 개가 창출될 것으로 예상했다.

이것은 녹색교통 체제로의 전환이 자동차 이용 감소에 따른 자동차산업 4만3천여 개의 일자리 상실을 상쇄하고 남음을 보여줬다. 더욱이 보다 깨끗하고 효율적인 차량 이용과 자동차 '소유' 대신 '대여' 선호를 자극하는 조처들을 취한다면, 3만5천 개의 추가 일자리 창출이 가능하다고 보고했다.

결론적으로 지속 가능한 교통을 위한 정책 대안은 '이동(속도)보다 접근성'에 우선성을 부여하고 '교통수단의 다양성'을 보장하며 '자원 효율을 향상시키고 오염을 저감'하는 것이 세 가지 구성요소다. 장기적으로는 교통 체계의 근본적 변화가 요구되며, 단기 대책으로 대중교통 확충과 환경 및 고용 친화적 기술의 도입이 제시된다.

영국 노동조합이 주도한 교통 전환

　　RMT(영국 철도항만운송노조)는 철도 위주의 대안을 적극적으로 제기하는 일련의 활동을 전개했다. 그 활동의 배경은 영국 교통부가 2007년 말부터 2008년 초 사이에 제안한 런던 히스로공항 확장 계획이었다. 히스로공항 인근 거주민들의 소음 피해를 경감하기 위해 오후 3시 이후 서런던에 착륙하는 비행기의 활주로를 전환하려 한 것이다. 교통부는 이 문제를 해결하기 위해 3번 활주로와 6번 터미널 건설 계획을 제시했는데, 이는 십슨(Sipson) 마을 전체를 포함해 최소 700가구의 철거를 낳고 70만 회 이상 비행 횟수를 늘리게 될 것으로 전망되었다.

　　RMT는 전문기관 HACAN에 연구를 의뢰하여 2006년 공항을 이용한 총 47만3천 회의 비행 중 10만 회가 이미 유력한 철도 대안이 존재하는 12개의 목적지를 향한 것이며, 추가적인 10만 회의 비행이 개선된 철도 서비스 대안을 제공할 수 있는 곳과 연결 노선임을 보여주었다. 즉, 히스로공항을 이용하는 비행 중 상당수가 단거리 노선이라는 것이다. 또한, 유럽 대륙 내 고속철도망의 성장이 뚜렷하며 광범한 망이 확장 중이다. 머지않아 고속철도망이 유럽 내 7개국으로 확대되며, 이는 편안하고 저렴한 여행 수단으로 항공과 경쟁하게 될 것이다. 따라서 영국 정부의 공항 확장 계획은

RMT의 정책 보고서 〈히스로 공항 확장의 대안은 있다〉
ⓒRMT

히스로 3활주로 확장에 반대하며 공항 내에서 시위 중인 활동가들
ⓒ연합뉴스, Andy Rain/EPA 제공

부적절하다는 주장이었다. RMT는 히스로공항 확장 대신 히스로를 포함하는 철도 확충을 대안으로 제시했다.

RMT의 주장과 환경 단체 및 주민 단체들과의 연대 활동 결과로 히스로공항 확장 계획은 유보되었고, RMT는 히스로공항 확장에 대해 환경친화적 대안을 강구한 최초의 노조가 되었다.

RMT는 적절한 궤도 서비스가 환경적인 측면에서나 영국 경제와 일자리 창출에 대한 기여의 측면에서도 현실적인 대안을 제공할 수 있음을 보여준다. 또한, RMT는 2006년 11월 스코틀랜드 루트 이용 전략 협의에 의견을 제출하여 참여했고, 2008년 10월에는 교통 및 기후변화 기반위원회의 자문에도 응하는 등 정책적 결실을 거두고 있다. 특히 스코틀랜드의 기획은 구 철도망(Classic Rail Route) 복원과 개선을 주요 항목으로 포함하고 있다.

교통 부문의 녹색 일자리에서 주목해야 할 것은 단기 일자리가 아닌, 지역에서 만들어지며 지속 가능한 고용 가능성이다. 바이오 연료, 첨단교통체계, 연료 효율 자동차 등이 주로 거론되고 있지만, 특히 '철도망 확충'이 가져올 효과는 더욱 크다. 무엇보다 녹색교통으로의 전환은 '더 많은 일자리'와 함께 '더 적은 도로 교통'을 전제하는 기획이어야 한다는 점을 기억하자.

RMT가 제시한 철도 투자 효과(RMT, 2008)

① 경제 : 고속철도 연결망에 대한 투자는 히스로공항 확장보다 더 큰 경제적 이익을 가져온다. WS Watkins의 2006년 보고서는 런던발 히스로 경유 버밍엄 및 리즈행 고속 링크에는 310억 파운드가 소요되는 반면, 수익은 60년간 630억 파운드인 것으로 추산한다. 하지만 교통국의 현 히스로 확장안에 따르면 경제적 수익은 70년간 50억 파운드에 불과하다.

② 고용 : 고속철도 투자는 히스로의 신규 일자리를 포함해 수만 개의 일자리 창출이 기대된다. 첫째, 신규 서비스를 운영하기 위한 철도 일자리. 둘째, 신규 철도망 건설을 위한 건설업 일자리와 영국 철도차량 제조업 재생 전망에 따른 일자리. 셋째, 철도 투자가 유발할 다른 부문 경제의 자극을 통한 일자리가 예상된다.

③ 환경 : 히스로 추가 확장을 대체하는 고속철도 서비스는 커다란 환경적 이익을 가져온다. 비행 항로 아래의 주민들에게는 참을 수 없는 소음 수준이 악화되지 않고 공항 주변의 항공 오염 수준도 떨어질 것이다. 또한, 온실가스 배출량도 빠르게 상승하지 않는다. 고속철도는 항공에 비해 CO_2를 8~11배 정도 더 적게 배출한다.

④ 교통 : 고속철도 네트워크는 통합적 교통 시스템의 일부가 되기에 적절하며, 지역과 지방 철도 서비스를 대체하는 대신 서로 연결한다. 통합은 철도역과 공항들이 철도 허브의 일부로 엮이게 됨을 의미한다. 하지만 영국의 현재와 같은 교통 체제(조정되지 않고 탈규제화되며 사유화된) 하에서는 그러한 통합 달성은 불가능하다.

코펜하겐에서 만난 정의로운 전환

 2009년 12월 덴마크 코펜하겐에서 열린 제15차 기후변화협약 당사국총회(UNFCCC COP15)의 의미는 각별했다. 온실가스 감축과 적응의 적절한 세계적 수준과 국가들 사이의 책임을 최초로 정했던 교토의정서 체제를 대체할 새로운 협약이 만들어질 것으로 예고되었기 때문이다. 코펜하겐은 자전거와 보행자에 친화적인 도시화를 말하는 '코펜하게나이제이션(Copenhagenization)'이라는 용어가 있을 정도로 환경 인식과 정책이 앞선 곳이어서 새로운 기후변화 체제의 탄생을 이끌기에 안성맞춤의 장소였다. 세계의 여러 인권운동 및 환경운동 단체들뿐 아니라 노동조합들도 이 회의에 자신의 목소리를 내러 모였고 많은 기대가 있었던 것도 사실이다.

 필자 역시 에너지기후정책연구소의 일원으로서 이 회의에(실은 주로 행사장 바깥의 시위와 토론에) 참석하면서 세계의 기후정의 운동과 노동조합의 '정의로운 전환' 운동을 만날 수 있었다. 한국의 몇몇 노동조합 활동가들과 함께 갈 수 있었던 것도 행운이었는데, 이 소식 중 일부는 〈매일노동뉴스〉 등에 연재하기도 했다. 코펜하겐의 경험과 교훈을 다시 되돌아본다.

녹색의, 괜찮은 일자리를

기후변화 총회를 맞이하는 한국 정부의 입장은 매번 거의 비슷하다. 온실가스 의무 감축국에 포함되지 않았는데 다른 나라보다 먼저 온실가스를 감축해 경제성장을 해칠 필요는 없다는 것이다. 그러나 너무 느슨한 태도를 보여서는 찍힐 우려도 있다. 그래서 선진국과 개도국 사이의 '가교' 역할로 자발적 감축 계획을 제시하며 줄타기하려는 것이다. 경제계는 업계와 분야마다 입장이 다르기는 하지만, 혹 자신들에게 피해가 닥칠까 하여 정보 수집 차원에서 사람들을 보내고 예방적인 로비를 해 두는 정도다.

오히려 노동자의 입장이 애매할지도 모르는 것이, 기후변화는 노동자를 위시한 사회적 약자에 피해가 집중되고 그 대응이 늦을수록 부담이 더 커지지만, 기후변화에 대응하기 위해 에너지 저소비형 산업과 저탄소 사회로 전환할 경우 경제가 위축되고 고용 변화를 초래할 가능성도 높기 때문이다. 한국처럼 노사, 노정 사이에 불신의 벽이 높고 IMF 구조조정 같은 아픈 기억을 간직한 경우 우선되는 구호는 '고용 사수'다. 그러나 기후변화 대응과 같은 보편적인 과제 앞에서 협상은 정부와 업계에 맡겨 두고 투쟁력을 보존하고 있다가 위기가 닥칠 때 일자리 지키기에 나서기만 하면 되는 일일까? 국제노총(ITUC)을 비롯한 세계의 노동조합 운동은 물론 내부의 편차가 있겠지만 이미 한발 더 나아간 노력을 펼쳐 왔다. 국제사회가 제기하는 온실가스 감축 목표를 존중하며 기후변화 대응이 산업의 변화를 수반할 때 그것이 노동자와 노동조합의 참여 속에 정의로운 방식으로 이루어져야 한다는 것이 그것이다.

'정의로운 전환'은 토니 마조치에서 비롯하여 캐나다 노총 등에서 공식적으로 채택된 이래 새로운 상황과 조건에 따라 내용을 발전시키고 있다. 최근 국제노총은 이를 '저탄소 사회를 향한' 정의로운 전환으로 구체화하고, 지속 가능한 경제와 사회 진보를 만드는 과제의 일부로 자리매김하고 있다.

국제노총은 정의로운 전환이 보다 지속 가능한 사회로의 전환을 원활히 하며 '녹색경제'가 모두에게 괜찮은 일자리와 생계를 유지하도록 하는 희망의 제공이라는 목표를 노동조합 운동이 세계 공동체와 공유하는 수단이라고 정의한다.[20] 국제노총이 배포한 홍보물에는 정의로운 전환의 의미와 프로그램

"기후가 아닌 정치를 바꾸자"고 외치는 시위대

이 몇 가지 사례와 함께 제시되어 있다.

첫째, 녹색전환의 기회를 현실화하는 것이다. 괜찮은 (Decent) 그리고 '녹색의' 지속 가능한 일자리를 유지하고 창출하며 모든 작업장을 '녹색화'하고 관련 기술을 개발하고 채택하기 위해, 그리고 장기간의 지속 가능한 산업 정책을 발전시키기 위해 주요한 투자가 요구된다. 예를 들어 프랑스의 경제환경분석기관(OFCE)은 '환경 그르넬법'[21] 시행으로 재생에너지, 재활용, 녹색교통, 건축물 에너지 효율화 등에서 2020년까지 50만 개의 녹색 일자리가 창출될 것이라고 발표했다. 일본에서는 환경산업에서의 고용이 두 배로 성장해서 2020년까지 280만 명에 달할 것으로 예상된다.

둘째, 더 나은 변화를 준비하기 위해서는 그 출발로 사회적 영향과 고용 영향에 대한 연구와 시급한 조사가 결정적이다. 유럽노총(ETUC)은 2030년까지 유럽연합이 CO_2를 40% 감축할 경우 고용에 미치는 잠재적 영향을 파악하는 연구에 착수했다. 이 연구는 명확하고 예측 가능한 기후 정책, R&D에 대한 과감한 공적 투자, 재생에너지와 열병합(CHP) 에너

---

20) ITUC, 〈A Just Transition: A Fair Pathway to Protect the Climate〉, 2009.
21) 환경 그르넬법(Grenelle de l'Environement)은 프랑스 정부가 경기 부양과 환경보호를 함께 달성하기 위해 2009년 통과시킨 법안으로, 교통, 에너지, 주택 등 분야의 녹색 경제 프로젝트를 지원하는 내용을 담고 있다. '그르넬'은 프랑스 68혁명 때 이루어진 노사 협상안인 그르넬 협약에서 명칭을 따온 것으로, 2007년 이를 환경 분야로 확장하는 그르넬 환경협약이 이루어졌다.

지, 대중교통 체계와 건축물 개선, 그리고 저소득 가구와 에너지 집약형 산업을 고려하는 잘 설계된 경제적 수단들이 필요함을 지적했다. 기후변화에 대한 새로운 심층 연구와 산업 정책, 기후와 경제 위기에서 빠져나오기 위한 수단들을 강구 중이다.

셋째, 모여서 이야기해야 한다. 정부는 노동조합, 사용자, 지역사회 등 이러한 변화의 일부여야 하는 모든 집단과 협의하고 공식 참여가 제도화될 수 있도록 노력해야 한다. 협의와 인권 및 노동권에 대한 존중은 지속 가능한 사회를 향한 원활하고 효과적인 전환을 보장하기 위한 기본 조건이다. 스페인 노동조합 연맹들(CCOO 및 UGT)은 정부, 기업 조직들과 함께 기후변화에 대한 3자 대화 기구의 틀을 구성하여 교토의정서를 이행하는 데서 발생할 수 있는 부정적인 영향들을 예방하거나 감소시키고자 했다.

넷째, 노동자의 교육 훈련은 미래를 앞당긴다. 현장에서의 변화는 청정 기술과 과정에서 숙련된 노동자들을 요구하기 때문이며, 이는 새로운 기술을 발전시키고 녹색 투자의 잠재력을 현실화하는데 핵심적인 부분이다. 새로운 숙련을 습득하려면 교육 훈련 휴가도 제공되어야 한다. 아르헨티나 건축노조(UOCRA)의 경우 바이오가스 생산 시설, 태양열 온수 공급, 풍력 터빈 설치 등 재생에너지 분야에서 노동자 숙련을 지원했다.

다섯째, 정의로운 전환은 보호의 문제이기도 한데, 취약성이 변화를 지지하기 어렵게 하는 요인일 수 있기 때문이다. 적극적인 노동시장 정책(사회보험과 공적 고용보험 체계를 포함하는 사회 보장, 실업자 및 워킹푸어를 위한 공공 일자리 창출 프로그램, 소득 보장, 구직 서비스 등) 등 사회 보호 체계들은 전환에서의 정의로움을 보장하는 데 핵심이다. 2009년 미국의 청정에너지 및 보호 법안은 '녹색 일자리와 노동자 전환'에 관한 장에서 '기후변화 노동자 지원 기금'을 설립하여 연방 정부의 기후변화 입법에 의해 불리한 영향을 받는 노동자들에게 소득 지원, 건강보험 확대, 직무 카운슬링, 교육 및 훈련 서비스를 제공하도록 했다. 또한, 사회 보호는 기후변화와 극단적 기상 현상이 가장 빈곤하고 취약한 집단에 미치는 영향을 다루는 적응의 측면에서도 요구된다.

여섯째, 한 가지 차원으로는 충분치 못하다. 위험에 처한 각 지방과 지역사회는 다양한 경제적 계획을 필요로 하며, '자유시장 적용'은 기후변화에 대한 피해를 약자들에게 전가하고 그에 따른 반발만을 불러일으킬 것이다.

정의로운 전환을 위한 단결 투쟁

국제노총은 코펜하겐 총회 수년 전부터 다양한 토론과 캠페인, 정책 요구 활동을 벌였다. 특히 코펜하겐 협약문의 공동의 비전(Shared Vision)에 정의로운 전환이 언급되도록 하고 행사장 안팎에서 정의로운 전환 정책을 지지할 것을 호소했다. 국제노총이 구체적으로 요구한 내용은 다음과 같다.

1) 적응과 감축 정책
- 빠른 시일 내에 사회 및 고용 측면의 취약성 조사
- 기후변화 정책의 설계, 정책 수립, 모니터링에서 노동조합 등 모든 이해 당사자와의 협의와 적극적 참여
- '대응 수단' 논의에서 지역사회를 위한 조처 수반
- 정책 패키지의 일부로써 적극적 노동시장 정책
- 협약에서 ILO의 기본 원칙과 노동권 선언(1998년) 존중

2) 재정
- 녹색의 괜찮은 일자리 창출과 전통적 부문들의 '녹색화' 투자로 재정 방향 운용
- 재정적 다변화와 정의로운 전환 정책을 위한 자원 제공

3) 기술
- 역량 건설 전략의 일부로써 기후 친화 및 기후 재생 기술들에 대한 노동자 교육과 훈련 촉진
- 지속 가능한 기술 채택과 함께 행동 및 조직적 변화를 고양하기 위한 사회적 혁신 전략 촉진

합의문 초안에는 국제노총이 제시한 요구 중 기후변화 문제를 다루는 의사 결정에 참여해야만 하는 '이해 당사자'로서 '노동자와 노동조합'을 포함해야 한다는 것과 기후변화 및 기후 정책과 긴밀히 연결된 빈곤 축소·고용 보장·사회 안전망 등의 쟁점을 다루는 데 필요한 개념으로 '정의로운 전환'을 특별히 강조하는 구절이 포함되었다. 국제노총과 세계에서 온 활동가들은 희망에 부풀었다.

그러나 기후변화 총회가 진행될수록 합의문 초안 위로 먹구름이 밀려왔다. 난항에 빠진 회의의 타협책으로 마련된 덴마크 의장 협상안(Danish Text)이 회의 분위기를 오히려 더 어렵게 만들었는데, 선진국이 개발도상국에 온실가스 감축 의무에 동참할 것과 이에 연동하는 재정 지원을 제시함으로써 개발도상국의 강한 반발을 낳았기 때문이다. 이렇게 되자 개발도상국 내에서도 수몰 위기에 처한 섬나라들에서 더 강한 감축 목표 체계를 재구축하라는 요구가 터져 나왔고, 교토체제의 후속 구도를 만든다는 협상의 기본 틀조차 그대로 유지될지 의문스러운 형국이 돼 버렸다.

코펜하겐에 모인 노동자들은 마지막까지 노력을 멈추지 않았다. 총회의 '정의로운 결론'을 압박하기 위해 시위도 줄을 이었다. 12월 12일 5만여 명이 참여한 전 세계 공동행동의 날 행진에는 국제노총을 비롯해 독일 공공노조(Ver.di), 프랑스 연대단결민주노조(SUD), 프랑스노총(CGT), 덴마크노총

(LO) 등 주요 노동조합 깃발이 모였다. 벨기에 사회주의노동조합(ABVV) 대오는 인터내셔널가를 불렀고, 노동조합 대열들 앞에 펼쳐진 현수막에는 '노동조합이 해답을 갖고 있다(Unions have Solutions)', 즉 정의로운 전환이 해답이라는 문구가 적혀 있었다. 한국의 민주노총, 한국노총 활동가들도 피켓과 현수막을 들고 자리를 함께했다.

그러나 며칠 뒤 제15차 총회는 미국과 중국 두 나라의 힘겨루기 끝에 맥없이 마무리되었다. 교토의정서 체제를 연장하고 기후변화 취약국에 재정을 지원하는 내용이 명시되긴 했지만, 구체적인 온실가스 감축 목표 설정과 책임 배분도 빠졌을뿐더러 거의 모든 알맹이 있는 내용은 다음 회의로 미뤄졌다.

회의의 전반적인 결과도 실망스러웠지만, 협정문에 마지막까지 남아 있기를 바랐던 정의로운 전환 관련 구절도 포함되지 못했다. 주요국 정상이 만들어 낸 세 쪽이 못 되는 협정문이 워낙 추상적이고 임시적인 합의만을 담고 있는 탓에 노동 의제가 별도로 포함되기 어려웠던 것이다. 국제노총 섀런 버로우 의장이 정상회의장에서 연설할 기회를 갖고, "우리는 이 과정이 괜찮은 일자리와 양질의 일자리 창출 동력으로 '정의로운 전환'의 중요성을 여러 정부가 인식했다는 데 만족을 표시한다"고 말했지만, 노동의 힘은 부족했고 막판에는 배제됐다고 말할 수밖에 없다.

UN 기후변화 총회에서 국제노총의 '정의로운 전환' 캠페인

코펜하겐에서 교토 체제의 무력함과 국제 기후변화 협의 구조의 한계 모두가 뚜렷하게 드러났다. 그러나 코펜하겐의 좌절로 정의로운 전환을 위한 국제적 노력이 끝날 수는 없을 것이다. 기후변화 위기와 저탄소 경제로의 전환 요구는 더욱 높아질 것이며, 그 속에서 노동자와 노동의 자리 역시 스스로 찾아가야 할 일이기 때문이다. 2014년 겨울 페루 리마에서 예정된 21차 기후변화 총회를 향해 세계의 노동운동은 다시 호흡을 가다듬으며 활발한 논의를 이어가고 있다. 세계에서, 대륙에서, 각 나라에서, 그리고 마을에서 정의로운 전환의 구상과 제안은 다시 만날 것이다.

노동과 환경의 대화 감상기

필자가 연구원으로 속해 있는 에너지기후정책연구소가 지난 2013년 7월 2일 독특한 월례 이야기마당을 마련했다. 이름하여 '노동과 환경의 대화'. 가끔 기자회견이나 토론회 자리에서나 만나던 노동 운동가와 환경 운동가 수 명이 함께 자리하도록 불러 모은 것이다. 2008년에도 강화도의 한 연수원에서 연구소 주최로 '노동운동과 환경운동의 연대를 위한 활동가 대회'를 마련한 적이 있었다. 그때 참석했던 분들도 있었거니와 다섯 해가 지난 지금 무엇이 진전했고 어떤 부분이 후퇴했는지를 점검해 보자는 의도도 있는 행사였다.

민주노총, 공공노조, 가스노조, 환경연합, 녹색연합 활동가들이 앞자리에 앉았다. 인터넷 언론사 기자와 청중들을 합쳐 십 수 명이다. 처음의 서먹한 분위기는 각자의 최근 활동과 고민을 나누면서 사라진다. 외려 조기 과열된다 싶다. 이야기를 들어 보니 '노동'과 '환경'의 교류 사례는 제법 있었다. 대표적인 것이 지하철 역사 내 석면 문제 대응이다.

진전과 답보

염형철 환경연합 사무총장은 서울지하철노조와 환경운동연합이 역사와 차량 내 대기질 개선 및 석면 위험성과 관련하여 협력하다가 어느 수준으로 이를 폭로하고 활동할 것인가를 두고 이견을 보였던 경우를 회고했다. 환경 단체는 석면 문제를 최대한 진실에 가깝게 알려야 한다는 입장이었지만, 노조는 회사 이익에 피해가 가는 지점에서 주저했고, 그 사이에 노조 집행부가 실리파로 바뀌면서 후속 활동도 사라지게 되었다는 것이다. 지금은 오히려 서울메트로노조가 아니라 사측이 환경운동연합과 친환경적인 지하철 만들기 협약을 맺는 상황이다.

노조 집행부가 적극적인 태도를 갖고 있어 사회적 이슈를 사업으로 만든 경우도 있다. 한진도시가스지부는 체납 가구에 대한 강제 단전 사건을 계기로 노원 지역 단가스 가구를 조사하고 겨울에는 가스 공급을 중단하지 못하도록 하는 성과를 이뤘다. 이는 에너지 기본권 개념을 환기시켰고, 노조에서도 지역사회 공헌 측면을 생각하도록 만들었다.

여성환경연대가 제안하여 대형 마트에서 여성 노동자들이 앉아서 일할 수 있도록 만든 캠페인은 환경 단체에서 노동 이슈로 접근해 만난 사례다. 단지 자연환경이나 도시환경뿐 아니라 삶의 질로 관점을 넓히면 접점이 많을 것이라는 얘기다.

산별이나 총연맹 수준으로 볼 때, 발전노조 파업을 배경으로 만들어진 에너지노동사회네트워크, 그리고 최근의 기후정의연대까지 노동과 환경의 연대 활동이 발전한 것이 사실이다. 그러나 이호동 전 발전노조 위원장은 다른 나라들의 내셔널센터가 노동과 환경의 조화로운 활동과 역할을 해 온 것에 비해 민주노총은 굉장히 부진했던 것을 인정했다.

환경 활동가들은 민주노조 운동에 대해 더 아픈 이야기를 쏟아 냈다. 염형철 사무총장은 노동 내부의 환경문제에서조차 노동 쪽이 훨씬 개량적이거나 보수적이라고 지적했다. 예를 들어 작년의 불산 사태는 환경문제뿐 아니라 노동자 안전 문제가 심각했지만, 이에 대해 총연맹도 구미 지역 조직도 대응이 미미했다는 것이다. 관련 법을 보면 환경부는 작업장 밖을 담당하고 작업장 내는 산업부와 노동부가 관여하는데, 산업부와 노동부에 대한 활동이 별로 없었다. 왜 노동운동은 노동자들의 안전한 작업환경에 대해 적극적으로 나서지 않고 있을까?

역량 부족이 먼저 지적됐다. 강양구 프레시안 기자는 민

어색하면서도 치열했던 노동과 환경의 대화

주노총 중앙에 산업 안전 담당자가 한 명뿐이라 했다. 이호동 위원장도 그동안 민주노조 운동이 단기적인 노동문제에만 천착하고 다른 여유를 갖지 못했던 점을 인정했다. 시민단체들은 담당 활동가들이 교체되면 사업과 네트워크가 유실되어 버리고, 노동조합은 집행부가 교체되면 그간 진행되던 사업이 지속되지 않는 것도 문제다. 물론 노동과 환경을 잇는 활동가와 사업의 절대 수와 양이 부족한 탓일 것이다.

어쨌든 80년대 말 90년대 초반, 탄광 지역 진폐증 문제와 원진레이온 사건 등으로 촉발된 산업 안전과 환경에 대한 관심은 노동운동 내에서 90년대 중반 이래 오히려 수그러든 느낌이다. 김진혁 한진도시가스 지부장은 IMF 사태 이후 노동자들이 구조조정 등 사업장 현안에 더욱 매몰될 수밖에 없는 현실도 있었고, 사업장 바깥의 일과 운동이 부차적인 것이 된 시대적인 측면이 있다고 진단했다. 노동의 철학이 인간의 삶을 중심으로 보는 것이라면 환경(운동)과 따로 볼 것이 하나도 없고 공통적인 것이 많을 테지만, 노동운동 내의 현안들이 많다 보니 자기방어에 급급하게 된 것이라는 얘기다.

애정 어린 비판은 여기서 그치지 않았다. 윤기돈 녹색연합 사무처장은 대기업의 경우 노조 가입률이 그렇게 낮지도 않은데, 노동운동이 87년 방식에서 못 벗어나고 있으면서 사회변혁을 주도한다는 생각만 하고 있어 안타깝다고 지적했다. 이는 단지 환경문제에 국한된 이야기가 아닐 것이다. 이

종훈 가스노조 지부장은 민주노조 내에서도 이러한 점에 대해 일반 시민의 인식에도 미치지 못하는 경우가 많은 게 사실이라며, 사업장을 벗어나 산별로 가면서 사회적 의제에 접근해야 함에도 이론과 현실이 달라 쉽지 않다고 말했다. 구체적으로, 천연가스는 그 자체로 환경 피해가 상대적으로 크지 않아 환경 진영과 충돌이 적지만 간단한 문제가 아니다. (탈핵) 에너지 전환에서 가스가 가교 역할을 한다고 할 때 가스 비중 확대에 대해 환경운동과 교감할 수 있지만, 이것이 가스 민영화와 결부될 경우 환경 단체가 노조 입장에 공감할 것이냐는 미묘한 부분이 있다는 것이다.

민감한 '민영화' 문제

민영화나 구조조정을 앞두고 공공 부문 노동조합은 시민 단체, 환경 단체와 연대체를 구성해 대응한 경우가 많다. 그러나 이종훈 지부장은 민영화 반대는 곧 노동조합 이기주의로 프레임이 잡혀 노조의 진정성이 의심받는 분위기가 가장 힘들다고 토로했다. 공공 부문 민영화와 개혁을 둘러싼 복잡한 논의의 실타래는 벌써 10년을 넘어온 것이다. 윤기돈 처장은 2002년 전력산업 구조 개편 논쟁 당시 환경 단체들이 민영화의 필요성을 얘기했던 것은 한전이라는 거대 공기업의 권력을 그냥 두어서는 도저히 안 되겠다고 보았고, 원자력에 대한 정부 보조를 없애서라도 깨야 한다는 시각들이 있었지만, 환경운동 내에서도 논쟁이 있었음을 소개했다.

민영화 이야기가 나오니 대화는 더욱 '핫'해졌다. 염형철 사무총장은 예를 들어 노동운동이 주장하는 물 민영화의 위험성, 특히 물값 폭등 우려가 지나치게 과장되어 있다며, 그것이 물 관련 조직 개혁을 무력화시키는 효과까지 만들고 있다고 걱정했다. 6차 전력수급기본계획 대응에서는 환경 단체와 전력노조 등과 대립도 확인했다. 전력노조는 민영화를 반대하며 분할된 사업을 오히려 한전에 돌려줘서 더 확대해야 한다는 주장인데, 환경운동에서는 전혀 받아들일 수 없는 태도라는 것이다. 염형철 사무총장은 함께하기 힘든 것이 많아지면서 결과적으로는 정부와의 더 큰 차원의 전선이 무산된 것이 아닌지 돌아보았다. 노동과 환경이 전면적인 토론과 그를 통한 공동의 결론을 만들어 내지 못하면 결과적으로 둘 다 각개격파될지 모른다고 우려했다.

요금 문제는 공공성에서도 가장 복잡한 부분이다. 노동 진영은 민영화되면 요금이 인상되고 그래서 공공성이 훼손된다는 논지를 주로 내세워 왔지만, 환경운동이 볼 때 에너지 수요를 조절하고 지속 가능한 자원을 확보하기 위해서는 일정한 요금 인상이 필요하기 때문이다. 윤기돈 처장은 지속 가능성을 위해서는 교차 보조와 같은 요금 체계 왜곡들을 해결해야 하지만 그것이 꼭 민영화로 가서 될 일도 아니라며, 그렇게 안 가려면 우리가 지금 해결하려는 문제가 무엇인지 같이 인식하고 고민해야 한다고 지적했다.

이호동 전 위원장은 그동안의 논의와 경험을 통해 노동운동이 찬핵 대 반핵의 이분법이 아닌 탈핵이라는 점진적이고 지속적인 전환에는 동의하게 됐지만, 현재의 전력 공공 체제의 한계를 어떻게 극복할 것인가에 대해서는 노조가 조합주의적 대응을 벗어나지 못했던 게 사실이라고 보았다. 또 밀양 송전탑 문제에 대해 지난 민주노총 토론회에서 입장을 내지 못해 미안하다는 사과도 했는데, 사실 노조 간 갈등 문제도 있어 내재적 한계가 드러났다는 것이다.

염형철 처장은 이러한 상황의 책임이 노동에게만 있다고 얘기할 수는 없다고 했다. 환경운동도 한편으로는 위기감이 있는데, 그전까지는 환경 단체만으로도 해 나갈 수 있었지만 지금은 기업의 포석도 들어오고 중산층 운동화된 측면이 있어 이렇게 가다간 자본에 포섭될 가능성이 높다고 느낀다는 것이다.

노동과 환경, 인턴 교환부터 해 보자

이야기의 마무리는 다시 화기애애해지며 건설적으로 되

미국의 노동—환경 동맹인 블루그린 동맹(Blue—Green Alliance)
ⓒDistrict 751 News

어 갔다. 이호동 전 위원장은 지금은 이 정도의 대화가 서로 가능해졌다는 점을 긍정적으로 보았다. 수년 전까지만 해도 과거 논쟁의 기억들이 커서 환경운동 리더들을 만나 쉽게 이야기하고 농담하는 걸 상상도 못했기 때문이다. 실무진들도 토론회에서 만나면 격전을 치르곤 했지만, 그나마 지금은 편하게 얘기 나눌 수 있게 되고 자기반성도 하고 서로 지적할 수 있게 된 것도 의미 있는 진전이라는 의견이다. 윤기돈 처장은 모든 운동이 권리를 찾아가는 운동인데, 환경운동의 어려움이 탐욕과의 싸움이라고 볼 때 노조가 가지고 있는 탐욕도 분명히 있으므로 노조가 바뀌어야 할 게 무엇일지를 고민했으면 좋겠다고 했다. 또 우리 내부에서 서로 날카로운 질문이 오가야 외부에 나가도 더 잘 된다며, 그런 자리가 더 많아지기를 희망했다. 김진혁 지부장은 오히려 더 많은 비판을 주문했다. 예컨대 원전 부품 비리에 대해 해당 노조가 몰랐겠느냐는, 이를 더 강하게 제기하면서 노조에 사회적 역할에 대한 기회와 용기를 줄 수 있으면 좋겠다는 것이다.

자리를 정리하며 나온 레퍼토리들은 그다지 새롭지 않았다. 노동운동과 환경운동 모두 일상적 교육의 역할과 공동의 기획 사업이 필요하다, 뭔가 의제를 발굴하는 회의를 매월 해 보자, 기층의 일상적인 교류가 필요하고 공공성 확보를 위한 전략적 파트너십을 기획해야 한다는 것들 말이다.

강양구 기자는 뾰족한 코멘트를 던졌다. 이런 자리를 십 년 동안 지켜본 사람이지만, 논의의 수준이 훨씬 더 낮아져야 한다는 것이다. 지금은 노동과 환경이 '무엇을 같이 할 것인가'가 아니라 '왜 같이 해야 하는가'라는 질문을 먼저 던져야 당위론으로 시작해서 당위론으로 끝나는 쳇바퀴 논의를 반복하지 않을 것이라는 지적이다.

이야기는 역시 화기애애한 뒤풀이로 이어졌다. 가끔씩 만나 부분적으로 좋은 이야기를 나누는 것은 한계가 있다. 다음날 어제의 대화 참가자 중 한 분을 다시 만나게 되었는데, 환경운동 활동가들은 공공성에 대한 관점이 정말 자신들과 다른지 내게 물어 왔다. "노동운동 활동가들과 정파들은 천 번쯤 만나 치고받고 동의하거나 반대하고 해서 그 결과로 열 가지쯤을 같이 하는 것 아닌가요? 열 번쯤 만나 몇 가지를 이야기하고 생각이 뭔지 정확히 잘 모르겠다고 한다면 당연히 뭘 할지도 알 수 없겠죠." 나의 원론적인 답변이었다.

다시 2008년 강화도 수련회를 떠올려 보아도 비슷하게 착한 이야기들이 오버랩된다. 그때 나상윤 공공운수연맹 정책위원장의 제안 중 민주노총과 주요 환경 단체들 사이에 인턴 교류를 해보자는 것이 있었다. 월급은 각각 원래 소속 조직에서 주고 상호 파견 근무를 시키자는 것이다.

그러면 어떻게 될까? 민주노총에서 파견 나온 활동가들은 환경 단체의 사회 담당 부서 언저리에 주뼛주뼛 자리를 잡고 뭘 할지 고민을 하게 될 것 같다. 환경 단체 활동가들은 이 사람에게 뭘 시킬까 고민하다가 "요새도 장기 농성하는 곳이 많죠?" 같은 이야기부터 붙여 볼 것이다. 민주노총에 파견된 환경 단체 활동가들 옆에는 아마도 산업 안전 담당자를 붙여 줄 것이지만, 처음에는 역시 막연할 것이다. 이 활동가들을 관찰하던 무뚝뚝한 노조 활동가들은 "이 사무실에 전등이 너무 많은 것 아닌가요?", "쓰레기를 이렇게 섞어 버려도 될까요?" 등의 눈치 보기 질문부터 할 것 같다.

그것이 시작일 것이다. 말뿐이 아니라 뭔가를 하게 만드는 것은. 총연맹과 주요 환경 단체가 한 사람씩의 파견자 급여 부담도 못한다고는 말 못할 것이다. 그리고 이왕 파견했고 파견받았으면 쏠쏠히 써먹을 궁리를 하고 사업을 만들지 않을까? 이제라도 나상윤 위원장의 말을 진지하게 접수해야 하겠다.

나가는 글

적색과 녹색의 다리놓기를 위한 말 걸기

이 책의 글 중 다수가 실린 ≪함께하는 품≫에 가장 최근 보낸 원고는 미국의 키스톤 파이프라인을 둘러싼 녹색 일자리 논쟁에 대한 것이다. 사연을 간단히 소개하자면 이렇다. '키스톤 XL 파이프라인' 건설 계획은 캐나다 앨버타 등지에서 채굴하는 타르샌드(진흙에 섞인 상태의 석유)를 캐나다와 미국 내륙을 가로질러 걸프 해안의 정유 공장까지 보내기 위해 2,700여km의 송유관을 건설하려는 것이다. 이에 대해 미국 정치권에서는 지역구 선거 정치의 유불리에 따라 찬반이 엇갈리지만, 공화당은 대부분 강력히 찬성하고 오바마 대통령은 환경적 우려와 민주당의 다양한 이해를 고려해 승인을 미루고 있는 상황이다. 2008년부터 환경 단체들과 농부, 목장주, 인디언, 학생들로 이루어진 연합 반대운동이 형성되어 백악관 앞 연행을 불사하는 강력한 반대운동을 벌이고 있는데, 문제는 미국 노동조합 운동의 입장이 복잡하게 갈리고 있다는 것이다. 오히려 가장 큰 내셔널센터인 AFL-CIO의 리처드 트럼카 의장이 강력한 찬성 입장이고, 건설 부문과 석유 부문 노동조합에서도 찬성이 많다.

찬성 측은 파이프라인 건설이 2만 개 이상의 일자리를 만들고 중동 지역에 대한 미국의 석유 의존을 줄일 것이라고 기대한다. 그러나 반대 측에서는 타르샌드가 채굴과 정제에 막대한 에너지를 소비하고 환경을 파괴하며 온실가스를 더욱 방출할 것이고 사고에 따른 원유 누출 오염 위험이 상존한다고 우려한다. 그뿐만 아니라 대규모 건설 장비가 진행하는 공사에서의 일자리 발생은 극히 미미할 것이라고 주장한다. 타르샌드와 셰일가스의 붐도 오래가지 않을 것이므로 노동 진영이 파이프라인에 찬성하는 것은 오류라는 것이다.

개별 산별노조의 대응은 모순적이기까지 하다. 예를 들어 북미국제노동조합(LIUNA)이나 배관공통합연맹은 파이프라인이 조합원들에게 수천 개의 고임금 일자리를 만들어 줄 것이라고 생각하기 때문에 반대운동을 벌이는 환경 단체와 노동조합들을 '일자리 킬러(Job Killer)'라고 맹비난했다. LIUNA 위원장은 이 일로 인해 노동조합을 미국의 노동 −환경 동맹 조직인 블루-그린 동맹에서 철수시키기까지 했다. 건설업의 전반적 불황 속에서 이들에게 일자리의 색깔이 중요하기는 어려운 모양이다.

그렇지만 똑같은 노조가 다른 편에서는 녹색 일자리의 최선두에 있기도 하다. LIUNA는 맞춤 집수리 사업을 전문으로 하는 사업체를 만들어 건축물 에너지 효율화 직무 훈련을 실시했고, 여기서 배출된 이들이 지역에서 빈민층의 주거 환경 개선을 돕고 환경을 지키면서 노동조합을 키우는데도 기여하고 있다. 배관공통합연맹도 녹색 전문 기술 인증 사업과 조합원과 시민 대상의 녹색에너지 전환 방문 교육을 펼치고 있다. 그런데 월스트리트 오큐파이(점거) 운동을 지지한 LIUNA가 오큐파이 운동의 문구를 응용해 "99%를 위한 일자리를"이라는 캠페인을 벌였는데, 이것이 실은 노동조합이 석유 자본과 함께 전개한 키스톤 파이프라인 건설 지지 광고였다는 이야기까지 듣고 나면 생각은 더욱 복잡해진다. 노동조합의 단기적 이익과 궁극적 이익, 조합원의 실리적 요구와 환경과 사회정의 사이의 간극은 쉽게 채워지지 않음이 다시 확인된다.

노동조합이 선하고 정의로운 이들로만 똘똘 뭉친 조직도 아니고 환경운동이나 사회운동도 세상의 모든 고통과 모순을 다 헤아려 움직일 수 있는 것도 아니다. 그럼에도 우리는 기본적으로 사회의 약한 이들 편에 서 온, 그리고 가장 큰 적인 자본과 권력에 대항해 싸워 온 이들이 잠재적으로 '한편'일 수 있다고 믿고 또 기대하는 것도 사실이다. 외국에서도 적색과 녹색 사이의 다리놓기가 늘 성공하는 것도 아니었고, 오히려 루카스 플랜 같은 사례가 노스탤지어처럼 회자된다는 것 자체가 적록동맹의 '비일상성'을 반증하는 것인지도 모른다. 이 책에서 토니 마조치에서 시작하여 정의로운 전환을 추구한 사례와 모색들을 둘러 보았지만, 주류의 노동운동은 키스톤 파이프라인의 어딘가에서 막혀 있음도 알 수 있었다.

수록된 글들에서 자세히 다루지는 못했지만, 한국에서도 이 다리놓기는 제 궤도에 오르기 전에 어긋나거나 열기가 식어버리곤 했다. 1980년대 말에는 고리핵발전소에서 근무하다 임파선암으로 사망한 노동자나 진폐증 같은 공해 사건에 대응하는 과정에서 환경 단체가 노동조합의 냉대나 심지어 위협에 시달리기도 했다. 1990년대 후반에 김포매립지 용도를 농지에서 상업용지로 변경하는 것에 대해 민주노총이 환경 단체, 시민 단체들과 뜻을 같이하여 반대에 나서자 사업을 맡은 동아건설의 노동조합이 이에 반발하여 민주노총 사무실을 점거하는 일도 있었다. 민주노총이 새만금 사업에 반대한 것을 두고 농업기반공사노조가 민주노총을 탈퇴하기도 했다. 2002년 발전노조 파업을 전후해서는 전력산업 민주화와 공공성 확보 방법에 대한 이견으로 노동조합과 환경운동 사이에 논쟁이 벌어졌다. 이러한 격론이 이론적, 실천적 간극을 좁히는 성과도 있었고 양자 사이의 다양한 연대 노력도 낳았다. 부안 방폐장 항쟁, 광우병 촛불 시위, 한미 FTA 반대 운동, 밀양 송전탑 반대 투쟁에서 노동조합과 환경운동, 시민운동은 광장과 천막을 함께 지켰다.

그러나 이 외견상의 적록연대가 그 양과 질에서 다리놓기에 성공했다고 할 수 있을까? 지금은 오히려 냉정한 평가가 필요한 시점이다. 어쩌면 한국의 적색과 녹색은 사후적으로, 편의적으로만 조우해 온 것은 아닐까? 정작 불편한 모순과 대립 지점은 굳이 꺼내지 않는 상호 양해를 대가로 말이다. 그리고 각자 정부와 자본의 탄압에 대항해 당장 싸우기 바쁘다는 이유로 말이다. 그 사이에 조직의 형식적 연대와 네트워크는 유지되었으되 한발씩 더 나아가는 이야기가 오고 간 기억은 없다. 생산과 소비 전환을 위한 과감한 아이디어를 내고 심각하게 논의해 본 적도 없었다. 공공성 확대에 찬성한다, 기후변화 대응에 나서야 한다, 국토 파괴에 반대한다, 이러한 추상적인 동의들은 각자에게 당장 부담이 없기 때문에 쉽게 가능했을 것이다. 그러나 전력 에너지 체제의 전환, 석유 중심 생산과 먹거리 체제의 전환을 거치면서도 이 암묵적 공조와 평화가 순탄하게 유지될 수 있을까?

정의로운 전환의 요구와 계기는 미래에 갑작스레 닥치지 않을 것이다. 이미 한국에서 벌어지고 있는 많은 일에서 우리는 전환의 단초들을 발견할 수 있다. 예를 들어 에너지기후정책연구소에서는 해외 자본의 먹튀 사건으로 노동자들이 대량해고 당한 쌍용자동차에 대해 국민 기업화와 함께 그린카 전문 연구 생산 기업으로 전환하는 방안, 그리고 역시 정리해고로 큰 고통을 겪고 있는 한진중공업의 설비와 숙련 인력을 독일 금속노조의 사례처럼 풍력 터빈 생산으로 전환하여 고용을 지키는 방안을 검토하는 기초연구를 진행하기도 했다. 물론 악질적인 자본의 해외 도피와 이를 방조하는 정부의 잘못이 일차적 문제지만, 두 사업장 모두 앞으로도 기존 생산물의 수요가 충분히 확보되기는 어려울 것이라는 예상이 가능하기 때문이다. 그러나 이러한 제안을 노동조합과 깊이 있게 논의할 기회는 없었다. 첫째는 정부, 자본과 싸우는 것이 먼저라는 분위기 때문이었을 것이고, 둘째는 이론이든 경험이든 간에 그러한 논의가 가능한 바탕이 축적되어 있지 않았기 때문이었을 것이다.

하지만 고용 사수를 위해 싸우면서도 그 이상으로 나아가야 한다면 그것이 어떤 방향일지도 이야기하지 않으면 안 된다. 같은 자본 아래서 했던 같은 생산을 위해 공장으로 돌아가야 한다면 그 자본과 생산이 안고 있던 한계를 노동자들도 고스란히 반복해야 하기 때문이다. 또 하나, 이론이든 경험이든 그 공동의 바탕을 어떻게 축적할 것인지도 이야기하지 않으면 안 된다. 예를 들어 지난해 철도노조 파업은 국민의 광범한 지지를 받았으나, 철도의 친환경성과 공공성을 어떻게 더욱 증진시킬 수 있을지의 논의로는 발전하지 못했다. 한국에서 영국 RMT가 했던 것과 같은 사전 연구가 진행되고 지역사회와 함께하는 캠페인이 있었다면 아주 다른 상상과 과감한 시도도 가능했을 것이다.

정의로운 전환은 단순한 아이디어로 그칠 수도 있고 풍성하게 가지를 뻗고 열매를 맺는 프로그램으로 발전할 수도 있다. 여기서 전부 아니면 전무라는 식의 접근, 즉 순수한 계급성이나 순수한 환경성만을 추구해서는 해답이 나오지 않는다. 그리고 지금 다가오는 여러 위험과 위기들 속에서 실현 가능한 계기들을 찾아야 할 것이다.

무엇보다 그 자체로 불안정해진 한국 노동자의 존재 조건, 그리고 이를 반영하는 노동조합 운동의 위기가 노동운동 스스로 추구해야 할 조직과 내용 모두의 전환 필요성을 말해줄 것이다. 더 이상 과거와 같은 수출 주도와 자원 소비형 성장이 가능하지 않다면, 그러한 전환의 고려 속에는 저성장 사회의 도래와 기후변화, 자원의 한계가 당연히 포함되어야 할 것이다. 노동조합의 조직화 전략에도 변화하는 산업과 일자리 환경에 대한 예상이 반영되어야 한다. 이러한 인식과 상상들이 쌓일 때 정의로운 전환은 여러 가지 내용과 모양으로 현실화될 것이고, 녹색의 노동계급과 적색의 소비자 집단으로서 우리는 작업장과 지역사회의 경계를 넘어 자연스레 만날 수 있을 것이다. 지금 한국에서는 무엇보다 '탈핵'과 '에너지 전환'을 중심으로 수많은 정의로운 전환 프로그램을 구상할 수 있다.

어쩌면 이 모든 것이 좋은 말이지만, 지금의 투쟁만도 너무 바쁘고 힘들어 환경이든 녹색이든 돌아볼 겨를이 없다는 하소연이 돌아올지도 모르겠다. 그러나 다른 나라의 사례들에서도 확인되듯, 민주성과 계급성을 잃지 않고 조직을 잘 지켜온 노동조합들이 지역사회 실천과 녹색전환에서도 앞장서고 있다. 이미 코앞으로 다가온 미래를 선취하지 않는다면 궁색하고 외로운 방어 투쟁으로 끊임없이 후퇴하고 말 것이다. 후퇴가 아닌 공세를 위한 준비가 필요하다면 이제 거기에는 노동과 산업 자체의 전환, 우리의 살림살이와 유대 방식의 전환을 위한 모색이 함께해야 한다. 그 속에서 21세기 노동해방의 내용이 채워지고 마조치와 김말룡을 뒤따를 선진 노동자도 나오게 될 것이다. 이 책은 그런 기대를 담아 적색과 녹색, 녹색과 적색의 씨앗들에게 보내는 일종의 말 걸기다. 말을 걸어야 시비가 되든 흥정이 되든 할 것이므로.